U0839508

秋游云南

QIU YOU YUNNAN

云南·恋恋四季

胡正刚◎著

云南出版集团
云南人民出版社

图书在版编目（CIP）数据

秋游云南 / 胡正刚著. -- 昆明：云南人民出版社，2017.12
（云南·恋恋四季）
ISBN 978-7-222-16797-1

Ⅰ. ①秋… Ⅱ. ①胡… Ⅲ. ①旅游指南－云南 Ⅳ. ①K928.974

中国版本图书馆CIP数据核字（2017）第304375号

策 划 人：李　维
出 品 人：赵石定
项目统筹：陈浩东
责任编辑：陈浩东　熊　凌
责任校对：苏　娅
责任印制：马文杰
设计制作：博　然

秋游云南
胡正刚 著

出　版　云南出版集团　云南人民出版社
发　行　云南人民出版社
社　址　昆明市环城西路609号
邮　编　650034
网　址　www.ynpph.com.cn
E-mail　ynrms@sina.com
开　本　889mm×1194mm　1/24
印　张　4.75
字　数　80千
版　次　2017年12月第1版第1次印刷
印　刷　云南出版印刷（集团）有限责任公司
　　　　云南新华印刷一厂
书　号　ISBN 978-7-222-16797-1
定　价　36.00元

云南人民出版社微信公众号

如需购买图书、反馈意见，请与我社联系
总编室：0871-64109126　发行部：0871-64108507　审校部：0871-64164626　印制部：0871-64191534

目 录
CONTENTS

云南哪儿的秋景最动人？如果把这个问题问不同的人，一定会得出不同的答案。

秋天，漫游云南大地

梯田：中国最美的山岭雕刻

一提到梯田，很多人心中冒出的第一个关联词一定是“元阳”。元阳以壮美的梯田闻名于海内外，即使没有到过元阳的人，也一定见过元阳梯田的图片或者视频。但是，只有亲临其境，才能对那种壮丽的美有更深的感受。每个季节的梯田都有不同的景观，而秋天，无疑是梯田最美的季节。

元阳梯田是人类的智慧、力量与自然地理环境长期共融的结果。河流与地理环境

◆ 元阳梯田

◆ 哈尼族奕车人捉鱼

的合力对人们的生产生活方式具有决定性的作用。在古诗里，“君住江之头，我住江之尾”形容的可能只是距离；在云南，河的上游和下游不但环境迥异，人们的生活习俗与人文景观也天差地别。在红河州南部的一些山区，同一座山，山脚的河谷地带居住着傣族，他们依水而居，种植水稻、香蕉和芒果等热带作物；山腰居住着哈尼族，他们开辟了连绵的梯田；山顶居住着瑶族和苗族，他们种植荞麦和旱谷，多年前还保持着狩猎的习惯。

哈尼族是红河州的主要民族之一，他们大多居住在海拔800至2500米的山区，主要从事农业，梯田稻作文化尤为发达。“靠山吃山，靠水吃水”是一句最通俗不过的谚语，仔细体会这句话背后的意义，会发现它既有着对自然环境的顺从，也包含着人们世代繁衍生息总结出的生活经验。更多时候，自然与人力合为一体，既交融共生，也接受彼此的修正。在红河州，人与自然的和谐发展，梯田就是最好的例子。红河州多山而且雨量充沛，适宜开垦梯田耕种水稻，州境的南部山区县份大多开辟有梯田，它们绵延整个红河南岸的红河、元阳、绿春及金平等县，其中又以元阳县梯田规模最为宏大，气势最为壮观。如今，元阳梯田作为云南一张最具代表性的名片，已经为越来越多的人所熟知。

元阳梯田是哈尼族世代耕作创造的杰作，因此也被称为哈尼梯田，因其独特的耕作方式和壮丽的外观，元阳梯田被誉为“中国最美的山岭雕刻”。哈尼族人民开垦的梯田随山势地形变化，山有多高，水有多高，田就有多高。他们因地制宜，坡缓地大则开垦大田，坡陡地小则开垦小田，甚至沟边坎下石隙也开田，因而梯田大者有数亩，小者仅有数平方米，往往一坡就有成千上万亩。梯田与梯田间还开挖有蜿蜒曲折的水渠，这些水渠把终年不断的山泉水引进梯田。到了初春，形状各异的大小梯田盛满清泉，在明媚的阳光下仿佛一块块明亮的镜子。插秧的季节，田野间一片繁忙景象，农民们在层层梯田里插下秧苗，因为阳光和水量充足，秧苗长势喜人。插秧时，人们还会在水田里投入鱼苗。鱼苗与秧苗是一种互助互利的关系——秧田为鱼提供了优异的环境；鱼可以吃秧苗间的害虫和杂草，排泄粪肥，翻动泥土促进肥料分解，为水稻生长创造良好条件。秋天，稻谷成熟，梯田间到处是层层叠叠的金黄，收割稻谷的时候，梯田里的鱼也可以捕捞了。因为生长期只有三四个月，稻田里的鱼只能长到巴掌大小，稻谷扬花的季节，谷花落入水里，鱼吞食谷花，身体里也会留下稻花的清香——放养在稻田里的鱼也被称为“谷花鱼”，是秋天里农民餐桌上的一道佳肴。

有一年秋天，和朋友一起到红河州看梯田。车子进入红河州南部的山地后，山

◆ 哈尼族宴席

◆ 收获

川逐渐秀丽起来，秋天的气息也越来越浓烈——在城市里，很难感受到季节的变换，我们依靠气温的升降及一页页翻过的日历来获取关于季节的信息。而在田野间，季节的变迁则体现在一切事物中，比如天空、雨水、大地的颜色、森林以及各种庄稼。我们的车子行驶在干净的柏油路上，路两边是树叶依旧茂盛的高大植物，金色的阳光穿过枝叶，在地上洒上了细碎的金色光斑，透过树枝，可以看到湛蓝如洗的天空。路边的山野，遍布如阶梯一样层层攀高的稻田，稻子收获在即，沉甸甸的稻穗呈现出一种饱满的、金黄的色彩，这种色彩几乎布满了连绵起伏的山脉。田野间，农人正在劳作，他们用镰刀割倒稻谷，经太阳曝晒一段时间后，在田间的空地上放一个竹编的篓筐，用手握着稻草的根部，把稻穗使劲在篓筐里摔打，让稻谷脱粒。之后，再把稻谷装进口袋，背回村子晒干、储藏。行走在秋天的梯田间，就如同行走在一幅丰收的图景中。

哈尼梯田现在已经成为热门旅游景区，几乎是每一位到红河州的游客的首选之地。哈尼人在红河岸边创造的梯田不但是美景，也是一种文化——在他们充满开创性的对自然环境的改造中，体现着稻作文明的深刻历史内涵。20世纪八九十年代，日本学者鸟越宪三郎通过大量的田野考察，认为日本人的祖先为云南的少数民族，并将范围与核心基本圈定在彝族、哈尼族、傣族等民族中。他所持的“哈尼族说”的理由是有日本学者发现，中国云南的哈尼族与日本大和民族的信仰都具有相似的“万物有灵”观念；日本崇拜“谷神”，哈尼族也崇拜“谷神”——崇拜“谷神”是稻作文明的内涵之一，也是哈尼人朴素的自然观，体现了他们的生存智慧，以及对土地的感恩。这种感恩还体现在生活中的其他方面，梯田是哈尼族重要的衣食之源，因此，他们对水十分珍惜。为了不误农时，哈尼人自古以来就有“刻木定水”的民约：根据一股山泉所能灌溉的面积，人们友好协商，拟定每块田应得的水量，按水流流经田地的先后顺序，在水沟与田块的入水口处设一横木，并在横木上将那块田应得的水量刻定位置，让水自行流进田里。

水牛是耕种梯田的得力助手，哈尼族的敬牛习俗经久不衰。母牛生下牛犊，家人即上山割嫩草喂它，有的还加喂红糖水；牛犊生下后的第三天清晨，主人家将蒸好的一大甑子糯米饭放在牛厩前，按家中人口和水牛母子数量捏制如碗大的若干饭团，给

牛各喂一团后，家人再分取一团就地食用。

因稻作文明高度发达，红河岸边的哈尼族还为稻谷创造了一个独特的节日——“吃新谷”。农历七月的第一个龙日，每户人家按照世代相传的规矩，在东方刚露鱼肚白时，到自家水田拔回一小捆连根带穗的稻子。到了下午，家人把早上背回来的稻穗搓下谷粒，连壳放在锅里烘焙直至出米花。大家在吃米花前，会先给狗吃一点。因为自古传说，哈尼族在一场大洪水后重新得到的谷种是狗叼来的，所以要感谢它。吃过米花，也要把当年栽种的瓜豆菜蔬统统拿出来尝新，同时也要吃一碗嫩竹笋，象征来年的收成像新竹一样“节节高”。

在稻谷成熟但还未全部收割之前，红河州一些地方的哈尼族会先割一小片稻谷，脱粒、碾米后邀请亲友到家“吃新米”，与充满仪式感和祭祀意味的“吃新谷”不同，“吃新米”是一个热闹喜庆的节日。在红河州工作时，我曾应邀到当地一个名叫马鹿塘的哈尼寨子吃过一次新米。收获在即，先吃一顿新米，又要投入到繁忙的劳作

中，因此这顿饭具有特殊的含义，虽说都是家常菜，但因为亲戚朋友聚在一起，加上主妇的悉心准备，这顿饭让人吃得鼓腹而歌。“吃新米”的特色菜有这些：熬制了大半天的牛肉，连肉筋都已经煮软，肥瘦相间的牛肉入口就是满口肉香；把已经成熟的豆荚撕去筋角，豆壳连着豆米一同晒干，用清水煮透，用油盐一烩就上桌，豆壳极有嚼头，又脆又香，而豆米一嚼就碎，细软的颗粒黏附在齿间。豆壳和豆米本是同类，而味道却有细微的区别，单吃豆壳是一味，单吃豆米是一味，豆壳和豆米同嚼又是另一味。当地每顿饭都会煮一碗不放油盐的素菜，蘸蘸水吃，蘸水里除了常见的盐巴、味精和大蒜之外，还放了剁碎的新鲜小米辣和刚采摘的花椒。吃菜时，当地人习惯将菜在蘸水中蘸一蘸，蘸多蘸少全凭各自的喜好，这样的吃法既能最大限度地保持蔬菜本身的味道，同时也能满足人们嗜辣嗜鲜的愿望。

既然是吃新米，米饭自然才是主角。在我先前的观念中，米饭就是果腹之物，只要煮熟了就可以下肚，直至吃了马鹿塘的新米，我的这个定论才有了彻底的转变。新米，顾名思义就是新收、新碾、新煮的米，哈尼人家的新米饭洁白细软、粒粒分明，有一层晶莹剔透的光泽，光看着就是一种享受。那香味也是浓郁而芬芳的，直透胸肺。待吃到口里，这种美妙就到了极致，松软的米饭每一粒都那么可口、芬芳，温柔地贴着口腔，让人一瞬间感觉到生活的充实与满足。我相信只要有这样的米饭，即使没有菜也能吃饱。饭后再喝一碗清香浓郁的米汤——一定要趁热乎的时候喝，一口下肚，丝绸一样光滑的质感从口腔一路蔓延至胃，再扩散到全身，整个人从头到脚都是一阵舒畅，仿佛给五脏六腑洗了一个热水澡。

红河的哈尼族创造了辉煌的梯田耕作，并把“吃新米”当作一年中最隆重的节日之一，这个节日的名字十分特别，不叫什么节，直接叫作“吃新米”，其内涵一目了然。把吃新米饭作为节日来庆祝，这在其他地方是很少见的，向最寻常不过的果腹之物致敬，从中我们不难看到当地人对大米发自内心的挚爱，只有怀揣这种挚爱，才会促使人们发挥想象力，不断对耕作方式进行改进，这也许就是哈尼梯田闻名全国的原因之一。

香格里拉：秋色斑斓的雪域高原之旅

2015年秋天，在香格里拉工作的朋友约我去玩，于是我便踏上了西行的道路。车子离开昆明，一路途经楚雄、大理、丽江，越过金沙江进入迪庆州境内后，明显感觉到海拔抬升，气温也下降了一些。云南属于云贵高原，但长期生活在昆明的我并没有高原的概念。车子在迪庆州穿行，路两边是金色的草甸、成群的黑色牦牛、连绵起伏的青色山脉，还有高山顶上堆积着的白色的冰雪。雪山上空，则是蓝得仿佛要淌下蓝色汁液的天空——在这样的环境里，高原的气息扑面而来。

香格里拉早先的名字叫“中甸”。在迪庆藏语中，“香格里拉”意为“心中的日月”。20世纪30年代，“香格里拉”首先出现于英国作家詹姆斯·希尔顿的小说《消

◆ 香格里拉普达措秋色

失的地平线》中，作者在书中描绘了一个远在东方群山峻岭之中的永恒和平宁静之地“香格里拉”。1997年，中甸更名为“香格里拉”。

快进入香格里拉市时，天空飘起了零星的小雨，气温也陡然降低了好几度。在独克宗古城和朋友汇合后，他把我带到了一间藏餐馆。几杯藏红花泡的青稞酒和几碗酥油茶下肚，我的气色好了一些，也渐渐恢复了活力。我在昆明的藏餐厅也喝过酥油茶，虽然是经过改进且多加水稀释过的，但我每次都是浅尝辄止，因为实在是受不了那股浓烈的腥味。但到了香格里拉，喝着热气腾腾、原汁原味的醇厚酥油茶，却觉得十分过瘾，既解渴又暖腹，仿佛寒冷冬天里的一碗白米粥。其味道也不觉得腥了，反而有一股浓郁炽烈的鲜香，从鼻腔直冲肺腑。

◆ 尼西黑陶

当天的菜有尼西黑陶土锅炖鸡、琵琶肉、牦牛干巴、酥油炒奶渣、竹叶菜、水汽粑粑等，都是当地菜，而且大多是应季的。

香格里拉的尼西乡有制作黑陶的悠久历史，是著名的黑陶之乡。尼西出产的黑陶器具主要以生活用品为主，最受当地人喜爱的就是黑陶土锅。这种土锅颜色黝黑、器体结实厚重、保温性能良好，用尼西土锅炖煮食物，食材的美味能得到最大程度的挥发与保留。由于海拔高、气温低，迪庆高原上生长的家禽与牲畜成长得要比其他的地区慢一些，当地土鸡的个头也比其他地方的鸡个头要小很多，还真应了那句话——浓缩的才是精华。把宰杀好的鸡放到黑陶土锅里小火慢炖，除了盐之外，不需要再放其他调料。香格里拉海拔高，水的沸点较低，通常八九十摄氏度水就会沸腾，加之土锅器体厚重，升温较慢，做这道菜需要极大的耐心。自然地理是世界上最公平事物，它留下缺项的同时，必定会创造出与之相对的优势——尼西黑陶炖土鸡就是自然的馈赠。高原上炖鸡是一个缓慢的过程，鸡肉在小火的炖煮下，香味慢慢释放、激发出来。数个小时之后，一锅醇香、浓厚的鸡汤就可以上桌了，它无法形容的美味，非亲历者不能体会。

高原上，大部分家禽和牲畜都是散养的。以前，在云南的大部分地区，牧羊、放牛、放猪，都是农牧民生活中最常见的活计。如今，随着经济发展，市场上的大部分猪都已经实行集中养殖，只在西双版纳州和迪庆州等地还保存着散养猪的习惯。在炎热的西双版纳，散养在灌木、竹林、树丛中的猪，被称为“冬瓜猪”，因其个体不大，却常常吃得肚子滚圆，肚皮几乎触及地面，奔跑的时候犹如一只硕大的冬瓜在滚动。高寒的迪庆高原上，猪的个头更小——坝子里的猪长到100多公斤才成熟，200多公斤的也不少见。而迪庆的猪通常长到三四十公斤就可以宰杀。

放养在迪庆高原上的猪有一个形神兼备的名字——藏香猪，“藏”描述其产地；“香”形容其肉质。高原有广阔的草甸，草甸里生长着各种杂草和灌木，放养在其间的猪以杂草、种子、野菜、灌木枝叶、果实以及土壤里的昆虫为食。由于食材广泛天然，且每天寻找食物需要保持极大的运动量，与一般猪肥胖、蠢笨的形象不同，藏香猪身形健壮、奔走迅捷，充满活力和生机，外貌像极了野猪，身体内都是紧致、结实的肌肉。在养殖界，有一种观点认为，如果圈养的牲畜生长环境好、心情愉悦，产出的肉会更加美味。为了创造这种条件，国外的一些养殖场除不断改善环境之外，还会定时在场内播放轻音乐，以愉悦动物们的心灵。据说，这种带试验性质的方式确实有

◆ 香格里拉草甸秋色

一定效果。

放养在草甸上的藏香猪，身心在一定程度上都是自由的。饿了就在草丛里找吃的，渴了就在河边喝从雪山上流下来的山泉水，吃饱喝足后就在草甸上自由追逐玩耍。高原上的寒意来得特别早，夏天一过，一进入秋天，寒气就来了；一到秋末，草木开始枯萎，下雪往往也是常见的天气。此时，草甸上能找到的食物已经很少，藏香猪就可以宰杀了。宰杀好后的猪剔除骨头，去除内脏，在腹腔内抹上盐、花椒等调料，猪肚用细绳缝严，放在木板上，压上重石，待水分干后挂起来，随吃随割。因腌制成型后的整猪外形像一把琵琶，得名“琵琶肉”。

琵琶肉肉质紧致、肥瘦相间，脂肪含量不高，可煮、可炒、可炸，尝上一口，其

浓郁的肉香可以改变最挑剔的食客对猪肉的感受。

高原上最常见的牲畜是牦牛。牦牛独特的身体构造，能抵御雪域高原上的严寒和风雪。下雪的季节，天寒地冻，行走在迪庆高原上，路边的草甸时时可以见到牦牛群，它们站立在风雪中，低头慢慢吃草或者一动不动地凝视着远方，神态悠闲。牦牛的全身都是宝，肉可食用，奶可以当作饮品，还可以制作成藏民生活中一日也不能离开的酥油。酥油的制作过程是这样的：将牛奶稍微加热，放到木桶里用力抽打搅动，油水分离后，淡黄色的脂肪层会浮在上方，用勺子舀出来，冷却之后就是酥油。提炼酥油剩下的物质经过长时间的烧煮，待水分蒸发干后，剩下的白色物质就是奶渣。在至今为止尝试过的乳制品中，我始终认为酥油炒奶渣是极致。顾名思义，这道菜的做法就是把酥油放到锅里炼化之后，加入奶渣炒制而成。这道菜外形并不出众，细碎的黄白颗粒摆放在碗中，如炒得极碎的豆腐。用小勺舀入口，酸酸甜甜中混合着浓郁的奶香。初尝并未觉得有何惊艳之处，细细品味，却觉得越来越香。人的味觉总是和记

◆ 草甸上的牦牛群

◆ 香格里拉草甸狼毒

忆、感受紧密地连接在一起，因为是在秋天吃到酥油炒奶渣，这也成为我内心雪域高原秋天的味道。

香格里拉的秋天，除了有美食外，还有让人魂牵梦绕的美景：松赞林寺、普达措、纳帕海……每一处景点都让人流连忘返。高原的秋意十分浓烈，天空湛蓝、雪山洁白、草甸金黄。山林里，不同的树木呈现出不同的亮丽色彩，有的金黄，有的鲜红，让人感觉到浓浓的秋意。宽阔的草甸里，可以看到一株株血红的狼毒，如一团团炙热的火焰，彰显着生命的活力。

大理：苍山洱海间的意境

王勃的《滕王阁序》是一篇脍炙人口、在中国文学史上有重要地位的文章，其中的名句比比皆是，流传最广的应该是“落霞与孤鹜齐飞，秋水共长天一色”。这个句子意境之悠远、格局之开阔，让人吟诵千遍也不会觉得厌倦。

秋水，一个多么具有吸引力的词语。云南有星罗棋布的江河湖泊，比如怒江、澜沧江、金沙江、洱海、抚仙湖、滇池、泸沽湖等，它们在不同的季节有着不同的面孔，而在秋天的时候，“秋水共长天一色”的景致则显得尤其动人。

乾隆年间，著名史学家、诗人赵翼随征讨缅甸的部队来到云南，在艰辛的行军过程中写了许多军旅诗和纪行诗。戊子年秋天，随军经过大理洱海时，他写了一首题为《洱海》的诗：

沧波浩渺映朝岚，极浦人家浸蔚蓝。
一片风帆天际杳，教人马上忆江南。

洱海之晨

赵翼是今江苏常州人，自幼生长在山水温柔的江南地区。从柔软的江南水乡来到山高水深的云南，他的内心不可能毫无波澜。云南在他眼中，不但山水苦寒、险恶，甚至充满着阴森恐怖之感。纵观赵翼在云南期间写下的诗歌，大多用意陡峭，且对云南的自然、地理环境多持负面评价，比如“寒灯夜宿三更火，积雨深山六月裘”“万里风烟蛮子国，一窗灯火故人情”“犀甲霜寒千帐晓，鱼肠夜啸百蛮秋”“秋入黄茅人避瘴，月寒白骨鬼思家”……

赵翼虽然是文人，但却心肠刚硬，充满了建功立业的杀伐之心——相较于文职官员的身份，赵翼似乎更愿意做一名上阵杀敌的武将。在军旅途中，他写过大量“男儿

官不遭弹去，便合沙场沙血流”“归来献捷辕门外，剑戟枝枝带血鲜”之类的诗句。

让我感到好奇的是：赵翼在见到洱海的沧波、水天一色的蔚蓝和天际的风帆后，为何突然之间心就变软了，并起了思乡之情，忆起了故乡江南？最大的原因也许就在于：美景，总是能深深地打动人心。

大理有一种吸引人的魔力，是我最喜爱的地方之一，几乎每年我都会找时间去一两次，也不在乎季节时令，只要有闲余的时间而心中又动了远行的念头，脑海里第一个跳出来的地名就是大理。

在一次赶往大理的旅途中，同行的朋友感慨说：“城大了，住在里面的人就小

了；城小了，住在里面的人就显得大了。”我知道，他口中的大与小，既有着居住环境与个体生命在空间上的对应，也有着精神方面的指向与旨趣。当地人眼中的大理，是世代繁衍生息的家园；外地人眼中的大理，大多指代苍山下、洱海边的古城。只看古城的话，它确实是一座小城，但如果把苍山当作古城的后院，把洱海当作古城的前庭，那它又显得大了。古人筑城，有着非凡的智慧和超越时空的远见，仁者乐山、智者乐水，依山傍水的大理二者兼具，是建筑美学生活化的写照，也被众多外来者当作现实版的“世外桃源”。

◆ 大理三塔

◆ 大理古城

每一座城市都有自己独一无二、能够与其他城市区别开来的气质。那大理的气质是什么呢？静谧？安详？柔媚？温和？缓慢？包容？文艺？……在面对苍山洱海的时候，这些归纳法明显都是失效的。大理是一座无法被贴上单独标签的城市，也无法被现代旅游学的内涵定义。很多来到大理的人都是被大理的气质吸引，选择或长或短地居住于此，久而久之，他们脸上的神情就会变得明朗，内心也会变柔和，渐渐由迁居者变成了原住民。这种改变是剧烈而快速的，同时也有着春雨润物般的温润和轻柔，发生在不知不觉间。

一座城市的魅力由自然环境和人文景观决定，这二者相辅相成、彼此促进。巴黎之所以动人，除了美丽的风光外，另一个重要的因素就是曾经在塞纳河左岸漫步时能遇见海明威、萨特、毕加索等大师。在云南，如果有一个地方能与巴黎左岸所涵盖的人文情怀相媲美，那一定是大理。

在中国的传统文化中，山水并不是沉默冰冷的，它们可以与人的精神世界互动，给人以启发和激励。明代，状元杨升庵因“议大礼”被判终生流放云南。当时的云南在中原地区的统治者心中是荒芜不毛的“穷边”之地，把官员流放到这里，不但可以扼杀他们的政治生命，还能给他们的身体和精神施加双重打击。杨升庵知道自己被流放云南，心情必定是沉痛抑郁的，从作为政治中心的京城历经种种艰难险阻来到边地云南的路程中，他一定早已摒弃了朝廷要员的身份，接受了“流犯”的现实，并随时准备好面对世俗的白眼和批判。但到了云南后，他惊奇地发现云南并非穷山恶水，云南的官员和百姓也没有用政治眼光来批判他，而是对他的遭遇充满了同情，对他的人品和学问充满了敬仰。在云南期间，杨升庵过的也不是流犯的生活，而是获得了身体与精神的双重自由。

◆ 苍山洗马潭

这使得他继续著书立说，游山玩水，访友讲学，足迹遍布大半个云南。

◆ 苍山流水

大理的山水使杨升庵眼界大开，他同至交、大理人李元阳同游点苍山后，在《游点苍山记》中写下了自己对苍山洱海的喜爱：“自余为僇人，所历道途，万有余里。齐、鲁、楚、越之间，号称名山川者，无不游已。乃泛洞庭，逾衡、庐，出夜郎，道碧鸡而西也，其余山水，盖饫闻而厌见矣。及至叶榆之境，一望点苍，不觉神爽飞越；比入龙尾关，且玩且行，山则苍龙叠翠，海则半月拖蓝。城郭奠山海之间，楼阁出烟云之上。香风满道，芳气袭人。余时如醉而觉，如久卧而起作，然后知向者未尝见山水，而见自今始。”

杨升庵游历了苍山洱海后“如醉而觉”，认为以前所见的都不是山水，大理苍山洱海是他“第一次”见到的山水。

读万卷书和行万里路，曾经是中国文人修行与从艺的不二法门。毫无疑问，这个准则在当下依旧是有用的。阅读可以让我们通过书本感受那些伟大灵魂的光辉，而行走则可以让我们的身体和心灵始终和大地、山水保持亲近。人们对名山大川的向往，就像铁针在靠近磁铁时会不由自主地被吸引。工业文明汹涌而至的今天，出行已经越来越便捷，甚至可以随时随地来一次说走就走的出行。置身旅途时，我们已经不需要像徐霞客那样竹杖芒鞋、风餐露宿，但如何避免那种走马观花式的旅游，让心灵和脚步契合大地山河的脉息，仍然是每个行脚者都需要直面的难题。在我看来，行走有两种：其一是沉迷于“在路上”的状态，追求一种“永远年轻，永远热泪盈眶”的生活；其二是在行走中寻找一个可以供灵魂栖息的归宿地。大理无疑属于后一种。

在苍山洱海间，我们能找到自己的理想的生活，也获得了内心的安宁。

每次去大理的行程几乎都是这样安排的：坐夜间的火车到达大理火车站后，坐公交车直接到大理古城，去人民路找那家名为“再回首”的小店吃一碗凉鸡米线。与此同时，太阳升起，苍山顶上的积雪闪着耀眼的白光，石板路边的柳树生机盎然，穿城而过的溪水清洌干净——这是苍山顶的积雪融水，早些时候，城里的居民起床后可以直接在门口取水淘米煮饭。琳琅满目的店铺开了门，各色行人往来其间，古城便陆续热闹起来。

白天几乎都是在古城闲逛，饿了就找一家饭店吃饭。大理的很多饭店和其他地方的不一样，没有菜单，所有原材料整齐地摆放在店门口的台阶上。每种菜蔬单独放在一个方盘里，绿色蔬菜居多，盘底有一层水，虽然已经离开土地，但这些蔬菜似乎还在生长。各种鱼、虾、泥鳅、螺蛳、贝类也养在水深一些的方盘里，游动不息、鲜活喜人。如果下一阵细雨，这些蔬菜和鱼虾的生机就会显得更加蓬勃。直接看菜点，比起口味，食客更看重菜品的鲜活程度。当然，新鲜原材料做的菜，口味也一定不会差。饭后，有时去才村码头，在洱海边散步，有时去其他景点游览。入夜后，找家商店打斤梅子酒，买一些果脯和烤乳扇，在客栈庭院里喝酒、看书，待微醺之后即入睡，再顽固的失眠症也会无药自愈。

显然，在古城能安然入睡，祛除内心的顽疾，并非单纯因为客栈的静谧或者美食的可口，而是因为头枕苍山洱海，湖山入梦，可以怡情，也可以疗伤。在我数次游历大理的旅程中，最值得回味的是2012年的两次行游，一次是苍山看杜鹃，一次留宿南诏风情岛。

去苍山看杜鹃的想法，起意于一个朋友的邀请。四五月间，大理的朋友发来信息，邀约到苍山西坡去看杜鹃，说是近来花儿开得正艳。听了朋友的邀约，心中念兹在兹的都是一丛丛如火如荼的杜鹃，“苍山西坡，杜鹃开得正艳”这句话一直萦绕在脑海。对于我而言，心里想去的地方，一定要成行才会甘心，即便是一个人的旅程。

周五下午一下班，我就急冲冲赶往火车站，坐上了去大理的火车，清晨到了大理，和朋友汇合后，直奔苍山。大理的天空是那么明净，仿佛水洗过无数次一样，湛蓝的天空倒映在洱海里，真正的水天一色，仿佛天空和湖水相互交换了位置。此时的气候分外温润，清晨，山间有一层淡淡的雾气和烟岚。在山下时，阳光照在身上，感觉还稍微有一些燥热，顺着山道往上走，山中草木越来越茂盛，空气越来越清新，湿润的山林气息越来越浓厚，心情也渐渐变得宁静。登山是一种融合了视觉、嗅觉、触觉的多重感受，

◆ 大理苍山西坡大树杜鹃

很难说一步步的行走给人的具体感受和印象是什么，但置身于山野中，每一个细胞、每一个最微小的神经末梢都能感觉到大自然的气息。自古以来的文人墨客描写山水景物，虽由眼前的一景一物切入，思绪却飘得很远，描述的也是一种混合型的感受，如谢灵运的“昏旦变气候，山水含清晖”，王维的“空山新雨后，天气晚来秋”。读到文字的时候，并没有更深的感受，只是单纯觉得文字和意境好而已。此时，行走在苍山中，这些句子突然从脑海中冒了出来，焕发出崭新而蓬勃的生命力。

山道崎岖漫长，仿佛没有尽头，但欣赏风景是消除疲累的最佳方式。在一路美景的伴随下，我们的脚步似乎越来轻快，发过一阵轻汗之后，越走越觉得身体轻盈，脚步有力。一路走来，并不见杜鹃花的身影，只有一些其他花木点缀在松林中，颜色虽然也姹紫嫣红、颇有可观，但由于心中念着杜鹃，并没有驻足欣赏。翻过一道高大的山梁，转过一个弯，一大片红色铺天盖地地扑面而来，展现在我眼前的，不是一棵两棵，不是一小块，而是一片，一大片，目光所及，层林尽染，漫漫无边，红红火火，红透了整个山坡，红透了整个山地——这就是杜鹃花，它们成片成片地簇拥在一起，像山中升起的彩云，像天上飞来的红霞。捧一只花在手，抚摸近观，那花儿一小群小喇叭般结成一大朵花，一朵两朵，九朵，十一朵……开满一枝，再开满一树，再潇潇洒洒一路开将下去，如决堤之水，漫无止境；如那彝族的火把节中，彝乡同胞点起的无数熊熊燃烧的火把。

◆ 大理苍山西坡大树杜鹃

高大的杜鹃树盘根虬须，斑驳粗壮的枝干上满是鲜红的花朵红，这么苍老的树木，为什么能够开出如此年轻、鲜活的花朵？杜鹃既是花卉，也是一种鸟的名字，但这种鸟出现在文人墨客的笔下时，却代表一种悲伤的意象，比如白居易的“其间旦暮闻何物，杜鹃啼血猿哀鸣”，明末清初大理诗人陈佐才的“已知别后相思苦，不敢深山闻杜鹃”，或许是杜鹃啼血，才染红了眼前的花海。杜鹃啼血是悲伤的，眼前灿烂的花海，却让人感到喜悦与振奋。

花海里，不时可见一群牛羊，它们的颜色有白有灰，漫步于花丛间，更显出杜鹃异样的红。牛羊悠然觅食，不时发出“咩咩”的欢快叫唤。这个时刻，灿烂的花、欢快的牛羊，分明那么热闹，我却感觉很静很静，仿如心里所有的新浊旧恶都倒了个空，只剩下焕然一新的自我，干干净净、清清爽爽，如一只透明的蓝色蝴蝶，无声地飞翔在深绿丛中，飞翔在灿烂的花海之间，那么真实，却又那么虚缈。

在杜鹃花海里流连忘返了好一阵，下山时，站在苍山的山脊上，一边是如火如荼的杜鹃花海，一边是山脚下波光粼粼的洱海。两种色彩同时入眼，一种火红，一种湛蓝，红的热闹，蓝的安静，就像大理的两种性格，这两种截然不同的性格交织在一起，却是那么和谐——大理，本就是一个包容之地。

2012年10月，首届《人民文学》“新浪潮”诗歌笔会在大理举办，来自全国各地的30余位作家、诗人齐聚大理采风，当时我在《艺术云南》杂志社上班，跟随诗人队伍一起到大理采风。在大理，我们游蝴蝶泉、登苍山，活动的最后一站是游览南诏风情岛，并在岛上住宿。南诏岛位于大理市双廊镇，是一个风景优美的海岛。

◆ 三角梅

从大理古城赶赴双廊的途中，一路都能够看到三角梅的身影。这是一种云南常见的花卉，生命力十分强，折一根枝干插进土里，有点雨水就能生根、发芽、抽枝、长叶，只需两三年时间就能枝繁叶茂，枝干覆满整个花架或整片院墙。三角梅于春季或者初夏即开花，花期一直可以持续到暮秋或初冬，秋天也处于盛花期。一树花就像一团剧烈燃烧的火焰，无法胜数的花朵满满当当地挤在一起，看不到枝干，甚至看不到树叶，仿佛每一片叶子都化为了花朵。在云南，三角梅又被称为叶子花，“花团锦簇”这个词，似乎是专门为它创造的。

赶往双廊镇的途中，开得如火如荼的三角梅让人应接不暇。秋天的天空湛蓝深邃，大理民居的墙壁是白色的，三角梅的颜色是云霞和火焰般的鲜红，三种色彩明快鲜艳、对比鲜明，映入眼帘时，蓝的更蓝，白的更白，红的更红。风花雪月被誉为“大理四绝”，它们指代的分别是下关风、上关花、苍山雪、洱海月。“上关花”究竟是何种花，至今仍有争论，有人认为是木莲花，有人认为已失传，还有的人认为是一个泛指，并不特指某种花。在我的理解里，在大理随处可见的三角梅也是上关花的一部分。

乘车来到双廊镇，在镇子上稍作游览，我们就来到岸边，乘船赶往南诏风情岛。从岸上望过去，南诏岛覆满绿色的树木，岛屿像一颗浮在洱海里的巨大翡翠。船在水面上滑行，波浪轻轻低拍打着船舷，洱海像一面巨大的镜子，蓝色的天空映照在湖面上，整个湖也变成了和天空一样的蓝色。放眼望去，满目湛蓝，天空和湖面颜色一

◆ 南诏风情岛

样，同样清澈明净，这个时候，我才真正体会到“水天一色”这个词的妙处。

到了岛上，才发现这里别有洞天。绿树掩映中有几栋精致的房子，由于树木太高大茂盛了，从远处看，很难发现房子的身影。我们在岛上住下，入夜后，一场盛大的篝火晚会在岛上举行，一群人围着篝火歌舞饮酒，热闹非凡。凌晨，歌舞的人逐渐散去，建筑里的灯火也熄灭了，热闹变成了冷清。刚才已经喝了很多酒，此时又有了接着喝的愿望，我敲开朋友祝立根的房间，他恰巧也觉得酒不尽兴。我们就一起回到举行篝火晚会的空地，此时篝火已经熄灭，人群已经散去，空地一角的一个纸箱里放着六七瓶啤酒，我们抱起纸箱，根据白天记忆里的路线，去洱海边接着喝酒。

秋夜凉爽，微风轻抚岛上的树木，发出悦耳的沙沙声。秋夜的天空和白天的一样，依旧明净通透，只是由于没有太阳的照耀，它的颜色是一种幽暗的微蓝。静谧的天幕上缀满繁星，它们的光遥远而微茫，却也能够映照出模糊的道路。在中国的传统文化里，星光与阳光、月光一起被称为“三光”，可见星星也是一种光亮，也曾照亮过无数人在深夜里的路途，只是由于黯淡，它们的微光常常被人忽略。穿过一片树林，来到洱海边的礁石上坐下，清风徐来，水波拍岸，涛声轻快而动听。湖水里也有星光在闪烁，和远处岸上的灯火连成一片，天上的星光与人间的灯火融在一起，仿佛湖岸的边界消失了。

东边的天空渐渐露出了光亮，那光亮随着时间的推移越来越亮，连绵起伏的山脉被照亮，山的线条逐渐显现。我们知道，那是月亮将要升起的前兆。不一会儿，月亮冒出了一条边，接着整个月亮跃上了山头，把光辉撒向人间。月亮从山里升起时，它的身影也同时映照在洱海里，仿佛水中也有一轮月亮正在慢慢升起。月亮的光洒在湖面上，微风吹动湖水，湖面泛起一阵阵波浪。随着波浪的涌动，一轮月亮幻化为千万轮月亮，仿佛每一片波浪里都藏着一片月光，它们随着波浪起伏、晃动。月光铺满了整片湖水，那光芒轻柔、耀眼，水波拍岸，就是月光拍岸，把手伸入水中，似乎就能捞起一捧月色。与洱海中的月光一相比，天空里的月光仿佛也失色了一些，它们一静一动，通过涌动的湖水连为一体。远处的湖面中，白色的月光里出现了一点黄色的光斑，在满湖的月光里，那光斑十分细微，仿佛一盏星光。光斑在湖水中慢慢向南诏岛靠近，随着距离越来越近，光斑也越来越清晰，又过了一会儿，我们看清它是一盏安装在桅杆上的灯泡。原来是有渔民趁着月色下湖捕鱼，灯光是渔火，既可照明，又可以把水中的鱼虾吸引到船边。洱海月是“大理四绝”风花雪月中的一景，秋夜的月亮是最动人的，而它的动人之处一经文字转述就会打折扣，远远不如身临其境感受到的真切。我特别喜欢诗仙李白的诗歌《峨眉山月歌》里面写到的秋天的月亮：“峨眉山月半轮秋，影入平羌江水流。”在这首诗里，李白虽然没有写秋月的细节，却把秋月的情景、气氛描绘得淋漓尽致，读之如在眼前。峨眉山与洱海是两种气质截然不同的景致，但它们的月夜却同样动人。宋朝无门慧开禅师有一首流传甚广的诗歌：“春有百花秋有月，夏有凉风冬有雪；若无闲事挂心头，便是人间好时节。”诗的前两句，禅师列举了每个季节最具代表性的景致，它们分别是春天的百花、秋天的月亮、夏天的凉风和冬天的雪。从这首诗歌的流传度和推崇度来看，很多人确实是对秋月的美景由衷认同的。

银杏：那一抹动人的金黄

秋天是收获的季节，如果给每一个季节定义一个色调，那么秋天的底色一定是金黄色，这种金黄，是稻谷的颜色，是银杏叶的颜色，是菊花的颜色，也是收获的颜色。

在春夏之季，银杏树和其他树木站在一起，绿色的枝叶让它看上去并没有什么出众之处。到了秋天，很多阔叶树落光了叶子，而此时的银杏满树的叶子金灿灿的，秋风一吹，一些叶子在秋风中打着旋儿掉落地面，如同一只只翩翩飞舞的蝴蝶，成为城市一道亮丽的风景线。

腾冲银杏村

云南大学历史悠久、人才辈出、风景秀丽，银杏大道是校园里最吸引人的风景之一。银杏树是季节的信使，它的叶子变黄了，就是把秋天的信息带到了城市，很多学生和游客在银杏树下流连、拍照留影，这几乎是校园最热闹的时候。云南大学的学子毕业离校后，一回想起母校，脑海里总会浮现出银杏大道上那片璀璨的金黄。

几年前，陈可辛导演的电影《武侠》十分火爆，电影里扣人心弦的情节、真实劲爆的武打动作、演员们满是闪光点的精湛演技，都给观众留下了深刻的印象。随着电影口碑及票房的双双火爆，电影中主要的取景地、甄子丹饰演的侠客隐居的村子——位于保山市腾冲的银杏村也立即火了起来，进入到很多观众的视野，吸引着越来越多的游客前来观赏。

◆ 银杏花和银杏果

银杏树生长十分缓慢，要长成如银杏村中参天大树，需要数百年甚至上千年时光。秋天，漫步在村中的银杏树下，不但能欣赏到优美的自然风光，也能感受到银杏村深厚的历史底蕴，感受到缓慢、悠长的时光气息。在银杏村，时光仿佛会变得缓慢，人的内心也会变得缓慢，变得柔软。银杏村适合住下来，吹过银杏林的风，能洗去旅途的疲惫，洗去心中的浮躁和烦闷。

银杏树可以观赏，它的果实银杏果也是难得的美味。银杏果又叫白果，味道甘香软糯，是一味中药，营养价值十分高。在银杏村，土鸡炖银杏果是一道不可不尝的特色菜。

秋天，到云南看花

秋色斑斓是一个美丽的词语，秋天的主色调是金黄，但其他的颜色也毫不逊色，云南的秋天可谓五彩纷呈。比如到昆明植物园赏花的人，一定也会到枫叶大道走走，这条道路的两边种满了枫树。春天和夏天，树木的叶子是绿色的，到了秋天，满树枫叶则红得如火焰一般。枫叶大道是昆明植物园的名片，枫叶红时，来植物园的游客络绎不绝，其中有老人，有小孩，也有拍婚纱照的新人。行走在枫叶大道，在漫天飞舞

◆ 昆明植物园秋日掠影

的红叶下驻足、凝神，秋天的感触是如此浩荡而强烈。赏完了红叶，当然还要赏花，感受云南秋天的缤纷。

云南有“花卉王国”的美誉，鲜花是云南最鲜明的特色之一，省会昆明更因为鲜花四季不断被誉为“春城”。明代文学家杨升庵在云南时写下过“天气常如二三月，花枝不断四时春”的诗句，从中可以感知到昆明气候之适宜与鲜花之繁茂。

茶梅

◆ 茶梅

山茶是云南最有名的花卉之一，自古就有“云南山茶甲天下”的盛名。金庸在《天龙八部》中借段誉之口盛赞了大理的山茶，历代文人墨客写过众多吟咏云南山茶的诗词，如担当大师有“冷艳争春喜烂然,山茶按谱甲于滇”之句。山茶花开得最繁盛的是春天，但其实，云南的秋天也可以欣赏到一种艳丽的山茶花——茶梅。茶梅系山茶科山茶属常绿灌木，因其花型兼具茶花和梅花的特点，故称茶梅。茶梅比常见的山茶花小巧，有深红、玫红、粉红、白等多种颜色，娇美动人，花期从秋天持续到冬天。金殿公园的茶花很著名，种植面积超过千亩。为了让人们在秋天也能观赏茶花，专门种植了30余万株茶梅，约50个品种，吸引着大批游客前来参观。昆明植物园内也种植了许多茶梅，看花的游人络绎不绝。

桂花

秋天，也是赏桂的季节。金殿公园有数百株桂树，黑龙潭公园有专门的桂花园，昙华寺桂香满园……昆明几乎每个名胜景点都植有金桂、银桂、丹桂等桂花树，在秋天酝酿着香味的盛宴。桂香浓郁而甜美，但主调却是清幽的，闻之令人神清气爽。桂花也能食用，可制作桂花糕、桂花糖、桂花酒、糯米桂花藕、桂花酒酿圆子等饮食，入口芬芳，据说还有养生效果。云南各地的人们都喜爱种植桂花，行走于秋天的云南，不期然就会与桂花那沁人心脾的清香相遇。每到这样的时刻，我总是愿意在桂香中放慢脚步，享受秋天最美的气味。

◆ 桂花

◆ 腾冲桂花糕

大观园菊展

古人称农历九月为“菊月”，因为在这个月中，菊花开得最盛、最美。在这以菊命名的月份里，自然是要好好赏一回菊。

菊花，也是云南人钟爱的花卉，在各大公园景点，或家家户户的花盆中都可以见到菊的身影。20多年来，昆明大观楼公园每年金秋时节都会举办为期一个多月的菊花展，时间一般在新历9月底至10月底。大观园培育的菊花有五六百个种类，每次都会在公园内展出数百种，有几万盆之多，并且会搭建由菊花组成的动物、人物、器物造型。每年菊花展时，都有众多游客慕名而来。

◆ 大观园菊展一隅

漫步在大观楼的菊花道中，就如走进异彩纷呈的菊花河流，许多游客都会忍不住赞叹，菊花竟有这么多的颜色和品种，开得这么缤纷灿烂。色彩各异的菊花中，有标本菊、悬崖菊、多头菊、小菊……每一种菊花都呈现出不同风格的美，或清丽脱俗，或潇洒飘逸，或雅致端庄，或雍容华贵，或玲珑可爱，让人心动流连。这些菊花品种的名称也取得很漂亮，望名即可想其颜色和姿容，如“绿牡丹”“白后”“紫帅”“金虎啸”“银盘托桂”“红醉清秋”“人面桃花”“唐宇飞霜”……人们拿着手机、相机不停地对着花朵拍照或合影。一路赏花，一路想起从小念过的菊花诗词：“采菊东篱下，悠然见南山”“暗暗淡淡紫，融融冶冶黄”“粲粲黄金裙，亭亭白玉肤”“尘世难逢开口笑，菊花需插满头归”“东篱把酒黄昏后，有暗香盈袖”……古诗词的美与眼前花朵的美交融，让人久久沉醉其中。

石林波斯菊花海

石林，被人们誉为“天下第一奇观”，它形成于2.7亿年前，是世界喀斯特地貌的精华，拥有世界上喀斯特地貌演化历史最久远、分布面积最广、类型齐全、形态独特的古生代岩溶地貌

◆ 波斯菊

◆ 乃古石林波斯菊花海

群落。到云南来旅游的人们，都会去石林走走。

波斯菊是一年生或多年生草本植物，原产墨西哥，又名秋英，有人也称它为格桑花。在中国栽培甚广，于路旁、田埂、溪岸也常自生，有紫红色、粉红色、白色等颜色。它美丽、生命力强，深受人们喜爱。现在，石林风景区种植了千亩波斯菊，其中在乃古石林景区内植有数百亩，是石林风景区种植面积最大、花期持续最长、景色最为壮观的波斯菊花海。

秋天，石林的波斯菊花海盛放。石，古老阳刚、千奇百怪，花，明媚纤柔、摇曳多姿，徜徉其间，不禁深深被这样壮丽又独特的美所震撼。

舌尖上的秋天

《世说新语》里有一个故事：张季鹰在洛阳为官，见秋风起，因思念吴中的菰菜羹、鲈鱼脍，遂感慨“人生贵得适意尔，何能羁宦数千里以要名爵？”发过一通感慨，张季鹰随即辞官归去，“莼鲈之思”遂成为典故。

秋天的食物，总能勾起人们的记忆，因此秋天的食物，既有食物本身的味道，也有记忆和故乡的味道。

菊花过桥米线：一碗浓浓的秋意

谈起云南的美食，最绕不开的就是过桥米线。云南是米线的故乡，云南人对米线的喜爱几乎是一朝一夕都不能离开的，似乎也只有云南人才可以把米线做出如此多的样式，并且能够把它作为三餐的主食。罗养儒先生在《云南掌故》里这样描写清末民初云南省城昆明米线的盛况：“米线馆……所卖之物是豆花、羊血、冷酱等米线……做此一种生意，是开铺设座而卖者，城里城外只不过数十家；支摊而卖者则多矣，城里城外当有七八十处。又另有一部分，是担着担子来卖者，是则难稽其数。此由昆明之男女老幼无不喜吃此类之物。故此种营业较他行为多。”

又云：“有外县人来省开设之米线馆，是以专卖米线为主，第一是过桥米线，次为粑鸡、粑肉米线，再次为粑肉、为鳝鱼、为炸酱。若为贵州人所开之米线馆，则专卖肠旺或脆臊。”

◆ 菊花过桥米线

如今的云南，种类繁多的米线依旧百花齐放、各领风骚，然而若论口味的独特和影响力的大小，当首推过桥米线。首先，过桥米线革新了米线的传统食用方法，烫食的方式最大限度地保持了米线的原味，且在汤的熬制、配料选取等方面更加精细。另外，过桥米线不只是一道能满足食客口腹之欲的美味，同时也是一道华丽的视觉盛宴。其洁白清澈而泛着油光的汤、柔滑白嫩的米线、色彩丰富的配菜和佐料组合在一起，其视觉上的享受丝毫不亚于味觉上的享受。

过桥米线不仅是伟大的创新，其对原料选择、米线加工、汤底熬制、配菜选取、荤素搭配等方面的极高要求，也是对中华传统饮食习惯的回归。

今天，米线已然成为云南的一个标签，远道而来的外地游客或者从外省工作学习回家的本地人到云南的第一件事，往往就是找一家米线馆大快朵颐。如今的云南，每个地方的大街小巷都有众多的米线店，食客们不论在哪个季节或者一天的哪个时刻进店，都能品尝到美味的米线。

你也许要问：既然这样，米线还有节令性吗？

答案是肯定的。

中国人历来都有“不时不食”的传统。在生产力不高、物质匮乏的年代，人们的选择并不多，因此这种“不时不食”的观点也就显得有些无奈；而在物质丰富的年代，“不时不食”就显出一种精致优雅的情怀。吃米线，最好的季节无疑应该是秋天。秋天，稻谷新熟，新米的清香是陈米无法比拟的，用新米制作的米线，其质地和口味也要更好一些。

另一个重要的原因则在于米线的汤料。众所周知，米线是米制品，除了米的味道外，本身并没有特别的味道，全靠汤和佐料调味，而其中最重要的就是汤。正宗的过桥米线需要用大骨、鸡、鸭、火腿等食材熬制汤底。在我国民间，“贴秋膘”的习俗由来已久，“贴秋膘”以补充肉食为主，其主要原因在于猪、鸡、鸭等牲畜和家禽，经过春夏两季及秋天的饲养，正是肉质最肥美的时节。如果早了，则膘不厚，肉味也不厚重，如果到了冬天才吃，在严寒的季节里，动物会掉膘，肉质也会变老变柴，滋味也就会寡淡一些。而秋天，恰是最适宜的时候，用这个季节的大骨、鸡、鸭、火腿等食材熬汤，肉的精华都到了汤里，这个季节的汤，一定是最鲜美、最醇厚的。

过桥米线的配菜可简可繁，但猪里脊肉片、鸡胸脯肉片、生鱼片、鹌鹑蛋等是必不可少的。秋天，正是这些食材滋味最好的季节。

一段时间以来，一种极富创意的过桥米线加入到米线的庞大家族，并得到了很多顾客的青睐，火热程度长盛不衰，这就是菊花过桥米线。云南被誉为“植物王国”，植物的种类十分丰富，其中可食用的花卉也是不可胜数，比如芭蕉花、苦刺花、金雀花、棠梨花等。把菊花和过桥米线搭配在一起，这创意真是让人拍案叫绝。众所周知，过桥米线依靠汤的热力把食材烫熟，菊花是秋天的代表性花卉，花瓣本身就带有浓郁的清香，但这是嗅觉上的感受，菊花味觉上带有淡淡的苦涩，细细咀嚼的话，又会有持续的回甘。把菊花放入过桥米线的汤底中，金黄色的花瓣铺展在热滚滚的汤面上，给人一种视觉上的愉悦。菊花的清香被汤的热力激发，迅速散发出来，与汤的鲜香相融合，凝聚成另外一种奇妙的香味。菊花的大部分清香溶解在汤里，汤因此也有了菊花的香味。菊花瓣经热汤浸泡过，苦涩变淡，口感清脆而回甘。秋天里，难免有秋雨绵绵的阴郁天气，此时，吃一大碗热气腾腾的菊花过桥米线下去，心情立马变得开朗，仿佛天放晴了一般。

青稞：既是美景，又是美食

云南的大部分田地可以种植两季，春种秋收的这季庄稼称为“大春”，秋种春收的则称为“小春”。“大春”主要种植水稻，“小春”则种植麦子、大豆、油菜籽等作物。而在迪庆州等高寒地方，属于麦类的青稞则是春种秋收。在当下快节奏的生活里，到一个地方旅行，直奔景点而去的走马观花式游览已经成为常态——当然，这不能责怪游客，实在是假期太短，没有时间慢慢感受一个地方的风土人情。在云南，处处都是风景，看过红河梯田的稻浪，去迪庆州旅游，麦浪同样是一幅美丽的丰收画卷，是赶赴景点途中移步换景的风光。

秋天，漫步在迪庆高原，田野里到处是成片的青稞，一阵风过，青稞地涌起一阵

◆ 收割青稞

◆ 丰盛的藏式晚餐

阵金黄的波浪，这波浪滚滚向前，一直抵达远处的村庄和更远处的雪山。青稞的金黄、天空的湛蓝、雪山的洁白，这三种色调铺天盖地，如同一幅广阔无边的印象派画作。置身其间，人的胸怀也会感觉豁然开朗。田野间搭着一些高大的木架子，成熟的青稞收割后，需要挂在木架上晒干。青稞是藏区人民最喜爱的主食之一，可以做成各种面食，糌粑是其中最有特色的一种。糌粑的做法是把青稞炒熟后磨成面，用餐时，用酥油茶或者青稞酒拌和，捏成小团食用。青稞还可以酿制青稞酒。青稞酒清冽醇厚，是酒精饮料中的佳品。

洋芋：秋天的馈赠

云南人把土豆称为洋芋，亲切而响亮。在云南人的餐桌上，洋芋是一种无可取代的存在。云南人对洋芋有深厚的感情，因此创造出无数种吃法。现今，不论任何季节、任何时候走进菜市场，都可以买到洋芋，但反季节的洋芋清脆有余，软糯沙绵不足，只适合切丝清炒，且要先洗去淀粉再快炒，取其清脆的口感。正宗的云南洋芋应该春种秋收，让果实在土地里经过春、夏、秋三个季节的成长和历练，在身体里沉淀起足够多的淀粉和糖分。这样的洋芋，浑身都是软糯沙绵的，煮汤时，切几块丢进锅里，如果炖煮的时间够长，洋芋会完全化在汤里。此时揭开锅盖，洋芋已经没有踪影，一锅汤却变得浓郁厚重、香味扑鼻，喝完汤，碗壁上还挂着一层细密的淀粉粒——这才是正宗的云南洋芋。

◆ 火腿炒洋芋

在云南，大部分地区都产洋芋，而味道最好的洋芋，则出在高寒山区，比如乌蒙山和横断山。在我的经验里，最好吃的洋芋有三种做法。其一是油糕，油糕是昭通的特色小吃，搭配稀豆粉一起食用，是一道美味至极的早点。油糕的制作原料是洋芋，洋芋煮熟后切碎，裹上米浆，放入滚油中炸至金黄。炸好后的油糕，外表香酥爽脆，内里糯软香甜，散发着洋芋特有的香味。稀豆粉选用豌豆磨细成粉后熬制而成，熬好后的稀豆粉撒上葱花、辣椒面、花椒面等佐料，再把刚从油锅中捞出的油糕和荞皮放入热气腾腾的稀豆粉中。一碗吃下去，不论多么寒冷的天气，额头会马上出汗，肠胃里也一阵暖洋洋的。第二种做法是烧洋芋，洋芋不去泥也不清洗，整个丢入火炭烧烤至表皮焦黑，然后拿出来，用小刀刮去表皮烧焦的部分，一剖两半，抹上辣椒酱、乳腐汁、折耳根、葱花、薄荷、昭通酱等佐料——在昭通和曲靖，一个烧洋芋摊，往往会置备近20种佐料，由客人根据自己的口味酌情添加。烧透的洋芋本身就焦脆、软糯，香郁无比，再配上各种佐料，直让人吃得连呼过瘾——烤洋芋是极烫的，但是又太美味了，让人一吃就停不下来。嘴馋的人，往往一边被烫得大口喘气，一边又忍不住不停往嘴里送。

还有一种美味的洋芋是昆明市东川区李子沟村的开花洋芋，这个村子的洋芋在煮熟后质地酥松、表皮软糯，像展开的花瓣，由此而得名“开花洋芋”。“开花洋芋”做法很简单，把洋芋用水煮熟，蘸酱油、醋、味精、盐、葱花、青椒等佐料拌成的蘸水，味道十分鲜美。由于产地面积小，产量少，“开花洋芋”物以稀为贵，很多人从昆明开车到东川区李子沟村，就为了吃一顿“开花洋芋”。

用文字形容食物的味道时，不管多伟大的作家，都会显得有些力不从心。既是作家也同为美食家的汪曾祺先生在形容蒌蒿的清香时，说“即食时如坐在河边闻到新涨的春水的气味”。套用汪老的话，吃洋芋时，也仿佛置身于田野里，感受到洋芋从花开到成熟的迷人景象。

洋芋花开的田野

秋虫：云南秋天的另类美食

云南自然环境多样，物产丰富，食材的广泛程度也居全国前列，在美食的大家庭中，各种外观虽然不一定美观，但美味可口的虫子理应有一席之地。汪曾祺先生就曾经在文章中建议人的口味应该杂一些，去到哪里都尝一尝当地的特色菜，这样才能全方位地感受一个地区的风土人情。秋天到云南，一些美味的虫子不可不尝。

蚂　蚱

“云南十八怪”中的一怪是“三个蚂蚱一盘菜”，这说明云南人历来有把蚂蚱当作菜的习惯，至于三个蚂蚱就能做成一道菜，就带着民间谚语特有的夸张修辞手法了。云南还有一句谚语“蚂蚱也是肉”，这句话的使用频率十分高，当人们对一些小的利益犹豫不决，不知该去争取还是放弃之时，只要说了这句谚语，那么多半是下决心去争取了。蚂蚱是否是肉呢？不同的人估计会给出不同的答案。如果让童年时期的我回答，我一定觉得蚂蚱也是肉，至少是一道可口的零食。

蚂蚱的卵春夏之交开始孵化，幼虫是绿色的，只有米粒大小，到了夏秋之际，幼虫就会长成成虫。进入秋天，一只只蚂蚱长得十分肥硕。大人们几乎不去捉蚂蚱，因为在他们看来，这是一件投入小于产出、浪费时间的事情，而对于孩子而言，捉蚂蚱却是一件有趣的事情，捉的乐趣大于吃的乐趣。秋天的草丛和芦苇丛是蚂蚱最多的地方。蚂蚱虽然体型小，但警觉性高，后腿有力，跳跃迅速，一旦被惊动

◆ 蚂蚱

就会飞到其他地方，有时在田野里奔走一整天都捉不到一碗。也有省力的捕捉方式，稻谷收割过后，农民会把稻草绑成草把子，立在田间晾晒。入夜后，带着手电筒到稻田里，打开手电筒寻找蚂蚱，因为蚂蚱喜欢歇息在草把子上。秋夜，气温降低，蚂蚱的活力远没有白天时那么足，用手电筒照着它，它几乎一动不动，比较方便捕捉。捉到的蚂蚱带回家，心急的孩子在锅里倒入油，把洗净的蚂蚱倒进锅里，然后立即盖上锅盖。蚂蚱受热，在锅里跳来跳去，撞得锅盖一阵“砰砰”响。待响声断绝，揭开锅盖，用锅铲翻炒几下，蚂蚱就熟了。煎熟的蚂蚱颜色由青绿色变为金红色，全身都是肉，鲜香无比。暂时吃不完的蚂蚱，可以用开水烫一下，撕去翅膀和后腿上的小脚，晒干后储存，吃的时候拿出来下锅一煎就是一道菜。云南的烧烤摊，几乎都有烤蚂蚱，就是用这种方法保存下来的。

蜂　蛹

蜂蛹，即蜜蜂的蛹，云南一些地方也叫蜂包。秋天，蜜蜂的幼虫化为蛹，是烧蜂包的季节。看准哪里有蜂巢，挑一个日子，约几个人，带上火把和蛇皮袋，穿上密实的衣服一起去林间，制作火把的材料要选燃烧之后火烟较多的木头。人们来到蜂巢下，点燃火把，选一个胆子最大的人手持火把爬上树，用火把在蜂巢下熏，蜜蜂怕烟，烟一熏就会四散飞走。待蜜蜂飞得差不多了，用蛇皮袋套住蜂巢带回家，把蜂蛹一粒粒拣出来，用油一煎就是一道美味的下酒菜。如果烧的是带有剧烈毒性的葫芦蜂，可以捡一些成年蜜蜂回来泡酒，据说葫芦蜂经酒一泡，身体里的毒液会析出到酒中，饮之，可以治疗各种风湿。

◆ 蜂蛹

烧蜂包虽然是一件刺激好玩的事，

但人们一般不会带小孩子参加，因为这事带有一定的危险性，被激怒的蜜蜂会攻击人。蜜蜂的尾针带有毒性，人被蜇到之后，伤口周围的肌肤立即就会红肿起来，且痛痒难当，通常两三天后痛痒才会消失。农村的孩子，几乎都有过被蜜蜂蜇咬的经历，胆子小的孩子甚至还会留下终身阴影。虽然被蜇到十分痛苦，但依旧不能阻止人们烧蜂包的热情，这也从一个侧面彰显出蜂蛹的美味。

竹　虫

竹虫的外形实在不怎么讨喜，因为有的人一想起它的另外一个名字“竹蛆”，就会见之即生厌恶之心——一开始在饭桌上见到竹虫，我压根不敢动筷子。

竹虫的分布区域不是特别广泛，在云南，只有滇南气候比较温暖的地方才有。竹虫是竹蜂的幼虫，是一种害虫。竹蜂每年六七月份在竹筒中产卵，10月份，虫卵孵化成幼虫，幼虫以嫩竹为食，从竹尖逐节往下吃，最后藏身于竹子根部的竹筒内。幼虫成长迅速，11月份一过就化为蛹，蛹继而发育为带翅膀的成虫，已无法再食用。由于捕捉期短，竹虫是一种时令性很强的食材，一旦错过秋天就吃不到新鲜的了。我们在饭店或烧烤摊上吃到的竹虫，基本都是秋天捕捉后冰冻的。

捕捉竹虫全靠经验和眼力，充满发现的乐趣。在竹林里穿行，有经验的“竹虫猎人”能从发黄的竹尖或畸形、膨大、生长病态的竹节等特征判断竹子内是否藏有竹虫。一旦确定，即可砍开竹子，把白白胖胖的竹虫归拢到一起。竹虫的吃法和蜂蛹一样——用素油煎炸，火候和油温的控制十分重要，因为竹虫十分

◆ 油炸竹虫

娇嫩，一不留神就会炸焦。经过油炸的竹虫色泽金黄油亮、酥脆芳香，有一股奶油般的甘甜。竹虫不但美味，蛋白质和氨基酸等含量也十分高，是珍贵的滋补营养品。

竹虫还有一种更原生态的吃法——烧烤。2014年秋天，我到红河州的一位哈尼族朋友家做客。一天下午，我和他一起出门，去田间的田房找他父亲。田房是哈尼人搭建在田间地头的简陋小房子，有的田地离家较远，收获的谷子当天无法全部运回家，就先放在田房里。田房里还置备了简单的炊具，可以做饭、烧水，方便农忙时歇息及做饭。我们路过一片小水塘，他卷起裤腿跳入齐膝深的水中，来回走了几趟，把水搅浑。鱼儿在浑水里呼吸困难，只能探出水面呼吸氧气，朋友借机捉了几条巴掌大小的鲫鱼，用一根稻草穿过它们的腮，这样方便拎在手里。捉鱼的过程中，他还捞到了几个螺蛳。水塘边有一丛香茅草，他顺手就采了几株。路过一片不知名的树林时，他爬上树，折了几根树枝下来，我看到树枝上有一些绿豆大小的绿色果实，他告诉我，这是木姜子。快到田房时，我们在路边看到一片竹林，他在一棵竹节膨大的竹子前停下来，取下挂在腰间的柴刀，砍倒这棵竹子。在一段竹筒里，我们发现了几十条正蠕动的白色竹虫。朋友连续砍倒了七八棵竹子，有的竹子里有竹虫，有的没有。捉到的竹虫收集起来，装在一个竹筒里，有半竹筒之多。

我们来到田房，他在火塘上煮了一锅米饭，然后和朋友的父亲一起动手在田房后的一条溪水边杀鱼，鱼的内脏都丢弃了，但他们把鱼苦胆留了下来。田房不远处还有一棵芭蕉树，朋友采来一片芭蕉叶，把鱼和香草放在上面，撒上盐包起来，埋进火塘的火灰里。螺蛳用刀敲去尖端后，也丢进火塘里。饭熟后，他把煮饭的锅挪到火塘旁边，用炭火的余热继续烘。火塘空出来了，他把挂在墙壁上的炒锅取下来架在火塘上，加一层油，把摘下来的木姜子和鱼苦胆一起爆炒，然后注入水烧煮。锅中的汤涨开后，火塘里的鱼和螺蛳也熟了，朋友把它们从火灰里拨出来，吹去灰，一打开芭蕉叶，香茅草和鱼的香味扑鼻而来。朋友和他父亲都是沉默寡言的人，整个做饭的过程都很少说话，但彼此间自有一种温情和默契。

锅里的饭开始冒出香气了，朋友摘开饭锅的盖子看了一看，说要再烘一会儿锅巴才香。我们在火塘边坐下，他父亲取出三个碗，又从墙角取出一个2升容量的可乐瓶，里面装满了浑浊的白色液体——这是哈尼人家自己酿的白酒，度数不高，只有15度左右，因味道又苦又辣，又叫作“苦辣白酒”。我们每人倒了一碗酒，就着烤鱼和烤螺蛳喝了起来。3个沉默的人，喝酒时几乎不交谈。喝到第二碗酒时，朋友突然想起了装着竹虫的竹筒，这时火塘里的火焰已经熄灭了，只剩下一些红色的火炭还散发着热气。朋友用两根细树枝把竹虫挑进火塘里，一次放进去二十来条，不时用树枝翻动。不一会儿，竹虫身体里的水分渐渐蒸发，香气也一阵阵地溢了出来，烤了一会儿，朋友说，熟了。我们用筷子把火塘里烤得焦黄的竹虫夹出来，轻轻吹一下灰就放进嘴里。这是多么难忘的一种美味啊，鲜香、甘脆，味蕾犹如进入了仙境的迷宫。就这样随吃随烤，竹虫吃完，瓶中的酒也喝尽了。酒足肉饱，感觉肚子已经没有饿意了。

天黑下来，田房外蝉声震耳，朋友的父亲加了一些柴，重新点燃了火塘里的火，把冷了的木姜子鱼苦胆汤再次煮沸。锅里的汤恰好每人倒了一碗，该怎么形容这道汤的味道呢？鱼胆浓重的苦涩中带着细微的回甘，木姜子清香、辛辣，有厚重的生姜味，各种味道混合在一起，相互包容，彼此层次分明而又浑然一体。一碗汤喝下去，五脏六腑都感受到酣畅淋漓，本才微醺的酒意，此时尽然有沉醉之感。

朋友的父亲要在田房守夜，我和朋友则起身告辞，赶回村子。他的父亲担心我们路上饿，用芭蕉叶分别给我们包了一个饭团，又包了一小团豆豉粉给我们。哈尼人家自己做的豆豉，有一股特殊的难闻气味——直观地说，就是一种奇怪的臭味，但吃的时候，又感觉异香扑鼻。哈尼豆豉的制作方法是这样的：秋天，大豆收割后用水浸泡，在锅里煮熟，取出晾干，用芭蕉叶包起来，放在火塘上方的竹架上，利用火烟的热力给大豆加温，以使大豆发酵。豆豉是哈尼人家做每顿饭都少不了的佐料，可以直接煮鱼，煮泥鳅，煮黄鳝，煮茄子，也可以做素菜的蘸水。人们到田里干活，也会带上一小包，有了豆豉粉，即使是吃白饭也会有滋有味。基于哈尼豆豉广泛的用途，民间给它取了一个时髦的名字——哈尼味精。

回村时，我和朋友走了另外一条路，那晚月光明亮，不开手电筒也看得见路。路过一道田埂时，朋友跑进一丛齐腰高的草丛里，采了十来根手指般粗的草茎。我们找了一块平整的石头坐下，从包里掏出芭蕉叶包裹着的饭团和哈尼豆豉——饭团依然还是热的。朋友告诉我，他采的草茎叫“酸秆”，是一种草本植物，味道是酸的，是孩子们热爱的零食。朋友给我示范了酸秆的吃法，摘掉叶子，轻轻撕去表皮，在豆豉粉里蘸一下，然后放进嘴里。我照着朋友的方法试了一下，酸秆肥嫩多汁，轻轻一嚼，清冽酸涩的汁液就在口腔里流淌、激荡，酸度让人皱眉，但蘸了哈尼豆豉之后，豆豉的咸、辣、香中和了酸秆的酸涩，让酸秆变得美味可口，这时，我才真正相信了哈尼豆豉有点铁成金般的魔力。

明晃晃的月光下，我和朋友就着酸秆和哈尼豆豉，吃完了芭蕉叶里的饭团——朋友的父亲给我们包饭团时，把锅巴都留给了我们，锅巴的焦香，让我至今记忆犹新。

吃完饭团回到朋友家，酒兴又涌了上来，朋友又从酒罐里打了一壶酒，拨开火炭里的灰，露出火炭，架上木柴，重新升起火，在火堆里丢了几个鸡蛋、几个芋头和苞谷烘烤，豆豉粉自然是必不可少的佐料。就着烤熟的鸡蛋、芋头、苞谷，我们又喝起了米酒，一直到东边的天空泛起鱼肚白才醉入梦乡。

时至今日，我再也没有吃过那么香的米饭，没喝过那么尽兴的酒，也没有吃过那么美味的竹虫。

棉花虫（蝉）

几年前一个炎热的秋天，夜间行车经过红河沿岸的一个县城。每走几公里，都会发现路边的空地上聚集着一群人，一手拿着树枝，一手拿着一个盒子，双手不停挥动，口中发出“咿咿喔喔”的声音。这情形我以前没有遇到过，因此感到大惑不解。驱车到了目的地，和朋友在烧烤摊上喝酒，我向他说起这个事，问他那些人是不是在举行什么仪式。朋友哈哈一笑，没有回答我的问题，而是转头对烧烤摊的老板说：炸盘棉花虫。

不一会儿，老板端上来一盘黑乎乎的虫子，模样有些像油炸知了。朋友指着盘子对我说，你尝尝。我尝了一只，焦香爽脆，味道十分不错。席间，我再次向朋友描述了路上见到的场景，朋友并不回答我的疑问，而是劝我继续吃东西。桌子上的烧烤，大部分食物我都认识，只有那盘叫作棉花虫的虫子没有吃过，于是频频吃这盘虫子，越吃越觉得香。

◆ 油炸棉花虫

第二天黄昏，朋友带着两个铝制饭盒来住处找我，约我出去玩，我们来到一条叫作金水河的河边。朋友找了些小石子装在饭盒里，又折了一枝树枝，双手不停摇晃，口中喔喔作声，手中的饭盒也发出一阵阵哐啷哐啷的声音。这场景看得我目瞪口呆，朋友见我站着不动，把另一个饭盒塞进我手里，让我跟着他摇饭盒并叫喊。我一头雾水地站在朋友身边，跟着他大叫，摇饭盒和树枝。这样进行了几分钟，河床里飞出一只硕大的昆虫，停在朋友手中的树枝上，朋友兴奋而小心翼翼地捉住这只虫子，举到我眼前让我看，并问我认不认识这只虫子。我仔细观察，发现这虫子像一只大型的蝉，模样和昨天我们在烧烤摊上吃的棉花虫一模一样。朋友告诉我，这就是当地的美味棉花虫。原来当地人把蝉，也就是知了叫作棉花虫。捉棉花虫的方式很特别，它们对石头和铝盒子，以及人的叫声很敏感，一听到这两种声音，就以为是同伴在召唤它，于是就飞过来和同伴汇合。棉花虫飞到身边，看到一枝树枝，以为自己的同伴也在树枝里，于是会钻进树枝去找同伴，这个时候就可以把它捉住。因棉花虫是靠摇铝饭盒和树枝捉来的，这种捕捉方式被称为“摇棉花虫”。

听了朋友的解释，我这才豁然开朗，明白了昨天路上遇到的人群原来是在摇棉花虫。这是一件有趣的事情，我于是和朋友认真地摇起了棉花虫，半个钟头内就捉到了

20多只。不断有人来到河边，加入到摇棉花虫的队伍，有的手中拿着铝饭盒，有的则拿着金属易拉罐，人们的情绪热烈而亢奋，仿佛在进行一场仪式性的狂欢。

又过了一个多钟头，我们摇累了，也喊累了，感觉已经快虚脱。此时，袋子里已经有了七八十只棉花虫。我和朋友扔掉树枝，带着棉花虫回到镇上，到了昨晚吃烧烤的地方，朋友把袋子递给老板，让他帮忙处理。老板打了一盆开水，把棉花虫倒在里面，淘洗干净并撕去翅膀后，烧热油锅，放入姜丝、干辣椒，倒入棉花虫炸熟，起锅后撒上盐，一盘美味就这样诞生了。

秋果：云南的水果之旅

秋天是一个沉甸甸的词语，这种沉甸甸既是色彩上的感受，也是味觉上的感受。一提到秋天，每个人脑海里都会冒出瓜果飘香、硕果累累等丰饶的印象。因其丰饶和丰盛，进入云南时，很多人都有一种眼花缭乱的感觉，面对满眼满大街的水果，不知该怎么选择才好。如今，科技高速发展，大部分果蔬基本常年都能见到，步入菜市场或者超市，琳琅满目的果蔬也会给人一种季节含混不清的错觉。虽然如此，如果要在云南进行一场充满芳香与甜美的水果之旅，秋天仍旧是最好的选择。

芒　果

云南山高谷深，气候多种多样。初夏，迪庆高原还有春寒之感，而滇南的一些河谷地带已经有了暑热之感。云南的德宏、红河、普洱、西双版纳等地方都是芒果的主产地，夏天，芒果树枝头就已经挂了青色的果实。如果此时从芒果树下经过，一定会被果树旺盛磅礴的生命力震撼到。芒果树枝繁叶茂，枝叶十分密集，挂果之时，一棵树常常可以结上百个果实，把枝条都坠弯了，果农不得不找来木棍支撑住树枝。

夏秋之交在云南的山野间行走，看到路边有芒果树，只要不是绿化树和行道树，摘几只芒果吃，是无伤大雅的事。这时的芒果还没有成熟，果实小小的如鸡蛋一样大小，果实也是硬邦邦的。用小刀削去芒果皮，果皮和果肉之间还会渗出一些乳白色的汁液。削一片放入口中，极度的酸涩让人眉头发皱、牙根发酸，根本没有咀嚼的勇气。此时的芒果是不合适直接吃的，最佳的食用方法是蘸辣椒面吃。辣椒的辛辣与芒果的酸涩混合在一起，两种味道达到了中和，辣的不再那么辣，酸的也不再那么酸，而是变得十分可口，让人一吃起来就欲罢不能。炎热的天气里，吃上一份青芒果蘸辣椒面，让人心旷神怡、胃口大开。滇南的街头，常能见到小贩卖这种食物，但是如果自己边削边吃的话，更能感受到吃的乐趣。

◆ 芒果

到了秋天，芒果完全成熟了，金灿灿黄澄澄的果实挂在枝头，在绿叶的衬托下显得明快悦目。云南的芒果品种众多，不同的品种，外形、颜色、口感都有差异。拿一枚成熟的芒果在手中把玩，仔细观察它的外形，能直观地感受到芒果真是一种高颜值的水果——它色彩明亮、外形流畅、手感温软，还未削开果皮，清香就已经直冲鼻端。芒果的果肉汁液充盈，仿佛整个果实都是由糖汁构成的一般，甫一削开果皮，淋漓的汁液就迫不及待地流淌了出来。芒果虽是水果，果肉却有一种肉类特有的丰腴和浑厚，味道甜蜜无比，带着一股独特的香味，吃了第一口就让人欲罢不能。除了直接吃之外，芒果做成布丁、果冻，或者打汁，味道也十分出色。

木　瓜

在云南，木瓜有两种：一种果实小而酸，外形和小型的鸭梨比较相似；另外一种大

◆ 酸木瓜

◆ 番木瓜

而甜，果实像一个小型的冬瓜，又名番木瓜。后者由于口感好，大部分人对它应该更熟悉一些。小而酸的那种木瓜，也叫作酸木瓜，由于口感实在太酸，不适宜直接实用，但却是云南菜里的一道重要食材。到大理或者临沧旅游，酸木瓜煮鱼或煮鸡是当地人交口推荐的特色菜。酸木瓜和鱼同煮，鱼的鲜嫩与木瓜的酸融合在一起，制造出一种酸鲜香醇的滋味，口感十分好。酸木瓜与鸡肉炖煮，木瓜的酸中和了鸡肉的油腻，是一道十分可口的下饭菜。

果实甜美的番木瓜树，植株的树形十分优美，它的枝干笔直，不分叉，枝叶全部集中在顶端，朝四周分开的枝叶，像一把撑开的伞。在滇南地区的乡村和山寨，木瓜树是一种常见树木，生命力十分旺盛，不管是房前还是屋后，只要身下有土壤，头顶有阳光和雨露，木瓜树就能茁壮生长。在红河、西双版纳等地区，木瓜树刚挂果的时候，把青木瓜摘下来，削皮，切丝，加小米辣、盐、醋等佐料一起凉拌，是一道清爽的消暑菜肴。木瓜的果实成熟之后，就是市面上能见到的黄澄澄的水果了，木瓜黄色的果肉绵软多汁、清甜爽口。在滇南，成熟的木瓜既是水果，也可以作为蔬菜。这里的人们每顿饭桌上必不可少的一道菜是煮素菜。任何蔬菜都可以煮，其烹煮的要求是不加油盐，吃蔬菜本身的味道，上桌的时候打一碗蘸水佐味。木瓜削皮去籽之后，也可以作为煮素菜的材料，煮过的木瓜入口即化，别有一番滋味。

柿　子

柿子树，云南叫作柿花树，果实成熟以后，也叫作柿花。直到如今，我都不知道这称谓的内涵。我从未见过柿子树开花，也不明白人们为什么会把它的果实称为花。也许是因为颜色鲜艳，让人把它和花联系在一起。

秋天是柿子成熟的季节，早晨，浓雾笼罩着村子，地上铺了一层白白的霜迹，田野里是一片银白色，柿子树则孤零零地立在薄雾里，叶子大多是淡淡的绿色，一部分呈现耀眼的猩红。此时，柿子已经熟透，鲜嫩的红色或橙色上挂着白色的霜，摘下来放在手心里还能感受到彻骨的凉意。但经霜的柿子，味道十分鲜甜。

未熟的柿子摘下之后，还不能直接食用，因为果实里的苦涩还没有完全消失。务农人家，家家都有几个宽大的竹箩，盛放粮食和糠麸，糠麸富含纤维，是猪、鸡的口粮。刚摘下的柿子要放在糠麸里捂几天，糠麸松软暖和，像是一座暖房。柿子埋在糠麸里，就像鸡蛋在母鸡的腹下，它的果实会发生奇妙的变化，苦涩一点点被消解，甘甜逐渐沉淀下来，果肉也变得绵软。小孩子们总来不及等它完全软化熟透，每天都要到竹箩前看好几次，把耳朵贴近糠麸，仿佛能听到柿子的果肉和汁液在低语。虽然时时觊觎，但聪明的小孩几乎从来不会提前扒开糠麸取出柿子，仿

◆ 柿子

佛它是有生命的，需要小心翼翼地呵护。估摸着时间差不多了，得到大人的允许，他们就轻轻扒开糠麸，取出柿子，吹去灰尘。柿子躺在手心里，颜色比刚摘下来时又深了很多，清香诱人，还带着吹弹可破的触感。一点点剥去表皮，咬一口入口即化的果肉，汁液满嘴，从舌尖到心头都是甜的。

唐代作家段成式的《酉阳杂俎》里记载了各种奇奇怪怪的、无法用常理推测的事件、鬼怪和动植物。但他关于柿子的描述却由衷地诚实，并充满了溢美之词——“柿有七绝：一、树多寿，二、叶多荫，三、无鸟巢，四、无虫蠹，五、霜叶可玩，六、佳果可啖，七、落叶肥大，可以临书”。在段成式看来，柿子有七种佳处和优点。可能正是看到了这些优点，云南玉溪市红塔区的一些街道选用柿子树作为行道树，到了秋天，行走在成行的柿子树下，红彤彤的果实像一盏盏挂在秋风里的红灯笼，十分惹人喜爱。这些柿子树，现在已经成为玉溪市区的一个景观。

仙人掌果

仙人掌是云南乡村最常见的植物之一，房前屋后都有它的身影。仙人掌生命力很强，取下一片扔在地上，只需要一点雨水或者露水就能生根发芽，长成植株。仙人掌可以长到两三米高，每年夏天开灿烂的花朵，花谢后会结鸡蛋大小的果实，也称为“掌果”。“掌果”在秋天成熟后，果实为绿色、黄色或者红色，用镰刀割下来，小心翼翼地切开长满尖刺的外皮，果肉的清香扑鼻而来，“掌果”很甜，又带着淡淡的酸味，味道很独特。

◆ 仙人掌果

昭通苹果

昭通市位于云南东北边，境内的自然地理环境复杂多样，在金沙江河谷地带的一些区域，气候炎热，可以种植芒果、甘蔗等亚热带经济作物，巧家县就以种植甘蔗和生产小碗红糖而出名。昭通的一些坝子和山陵，因年平均气温低，所出产的苹果成熟得较晚，其他地区的苹果已经下市了，这里的苹果才收获。因成熟得晚，且昼夜温差大，炽烈的阳光和风霜雨雪在苹果表面留下了斑斑点点的痕迹，导致昭通苹果的外观并不出众，和其他高颜值的同类放在一起，更显得局促，但这丝毫不影响它拥有甜蜜的口感。由于生长期长，糖分在果肉里得以充分积淀，含量十分高。咬开一个苹果，可以发现果肉的成分并不均匀，有的地方颜色浅一些，有的地方颜色则很深，这是由于糖分太高，在果肉内结晶，形成了糖心。

◆ 昭通苹果

波罗蜜

波罗蜜，云南有的地方也叫作树菠萝，或者“蜜多罗”。波罗蜜被誉为“热带水果皇后”，第一个原因是它的树木十分高大，有的植株高达10多米，远远高于其他大部分果树；第二是由于它的果实较大，直接长在

◆ 波罗蜜

枝干上的果实，犹如一个个巨大的冬瓜，通常重达10多公斤，是世界上最大的水果。波罗蜜的果实十分甜，有一种蜂蜜和奶油混合的香甜气息，吃多了甚至会感觉有些眩晕的腻。云南的水果店卖波罗蜜时，通常会先剥开果皮，把一瓣瓣果肉掰下来散卖，金黄色的果肉，带着油润的光泽，形若一块块凝固的蜂蜜。

云南的水果当然不止以上这些，在这里，水果的品种不胜枚举，如呈贡宝珠梨、元谋葡萄、开远蜜桃、建水和蒙自的石榴，还有黄泡、三丫果等野果。甚至可以这么说，中国出产的水果，在云南几乎都能寻到它们的身影。秋天，云南的水果之旅一定能人游客满载而归。

◆ 江城三丫果

云南秋天的节日

云南是少数民族文化的沃土，云南的秋天，不但有色彩斑斓的美景和令人迷醉的美食，也有一个个丰富多彩的节日，在这些节日来到云南，不但能收获一餐文化盛宴，还能身临其境地感受云南多姿多彩的民族文化。

出洼：温情的傣乡之夜

“出洼”即开门节，意为佛祖出寺，是云南傣族的传统宗教节日，每年傣历十二月十五日（约在公历10月）举行。傣历十二月十五日，村民将进洼时摆在佛座后面的东西拿出来烧掉，表示佛已出洼；十六日，和尚“出洼”，全家男女老幼到奘房拜佛；十七日，举行盛大的“赶摆”活动，因为这天佛到西天讲经3个月后返回人间，所以各村各寨都要鸣锣敲鼓，举行盛会迎接佛祖，同时还要在奘房内向佛忏悔一年来的罪过。

2013年10月，我曾在德宏州芒市风平镇一个叫作弄么村的傣族寨子参加过一次“出洼”。当天下午，

我在当地朋友的带领下来到村里的奘房。奘房是村里最高大宏伟的建筑，尖顶耸立，是南传上座部佛教的特色建筑。在奘房外面，能够清晰地听到里面传出的诵经声，庄严肃穆。奘房的台阶上整齐摆放着很多鞋子——进奘房不能穿鞋，这是基本的礼仪。走进奘房，我们看到一些上了年纪的村民正在诵经。奘房的房顶、墙壁则有很多纸制品装饰，分别是经幡、彩灯、佛伞、彩纸等。

诵经过后，他们纷纷起身献上贡品，这些贡品有札（供品，在一根细小的竹签上缠绕和悬挂白色的纸带）、米、糖、米花、花束、苹果、菠萝、柿子、石榴等。

天黑后，院子里有人在敲打象脚鼓和铓、钹，边敲打边围着一根旗杆舞动，动作舒缓，充满力量感和节奏感。厨房里，村民们正在煮饭。

◆ 出洼节

村民陆陆续续聚集到奘房，安置供桌，摆放贡品，困了就在奘房的草席上休息一会儿。凌晨两点半，村里上了年纪的人到奘房诵经，青年男女则聚集在一起，带上煮好的瓜、米饭、札、鞭炮、蜡烛等贡品，在由三面象脚鼓、一面铓、一对钹组成的乐器引领下，一起到村外的庙和大青树下祭祀。象脚鼓音色沉郁，发出的钝响分贝并不算大，但却充满力度和穿刺力，每响一声，似乎都能让心脏跳动的节奏与之一致。铓和钹的音色则清脆响亮，3种乐器交融回响，虽只有寥寥几件乐器，却让人有听交响乐的错觉。

秋夜，月光明亮，村野间起了一层薄雾，月光和雾气交融在一起，在弥散的乐音

◆ 入夜的傣家村寨

里，整个场景宛如梦境。村里的青年男女有近50人，他们手持贡品行走在田野间，整个队伍被一种肃穆庄重的气氛笼罩。同时，少年们特有的欢快活泼的天性也未受到压抑，他们不时低语浅笑，气氛祥和，充满生机。去往庙的道路要经过芒市机场，机场的围墙上亮着灯，偶尔有飞机起落，让人感觉外面的世界悠远缥缈，只有脚下的田园才是真实的。到了庙旁，领头人摆上贡品，乐队继续演奏音乐，村里的少男少女则在树枝和草叶间点上蜡烛，只要能摆稳蜡烛的地方，都摆放了点燃的蜡烛，星星点点的烛光在黑夜中闪烁，如梦似幻。

贡品置备齐后，众人一齐跪拜在庙边，领头人说了一些祈祷的话，众人起身燃放鞭炮，在音乐的引领下赶往下一个祭祀地点。走了一段，回过头看庙，树林草丛间的蜡烛还在黑夜中迎风摇曳。我问身边的少年刚才领头人的祈语说了什么，少年回答说是祈求神灵保佑村子里不论是在家做事还是在外求学工作的人都能逢凶化吉、诸事顺意。

离开小庙之后，队伍又依次祭拜了两株大青树和另外一座小庙。虽然有月光，但因为是黑夜，所有的景象都看不清晰，连同那晚的记忆和思绪也变得梦幻而缥缈。

返回奘房时，已经是凌晨五点，在奘房里值班的人已经做好了夜宵，菜品朴素而精致，都是应季的蔬菜，最妙的是还有一罐米酒。热乎乎的饭菜下肚，再喝一碗米酒，秋夜的寒意立即散尽，心里也暖洋洋的。

开渔节：白族民俗与美食的盛宴

金秋十月，苍山葱郁，天空和洱海水天一色，不时飘过天空的云朵速度迟缓，仿佛是正在用身下的洱海做镜子，细细观看自己的身影。双廊镇红山半岛前的广场上，人山人海、热闹非凡，身穿盛装的当地白族群众正在准备迎接一年一度的重大节日——开渔节。开渔节也叫开海节，这个节日意味着几个月的休渔期已经结束，下湖捕鱼的日子已经来临。

靠山吃山，靠水吃水是人与大自然之间达成的默契，大自然为人们提供各种各样的生存资源，人们则敬仰大自然，并努力维持人与自然之间的生态平衡。古语有云：“仁者乐山，智者乐水。”生存在水边的人是有智慧的，这种智慧即是生存的智慧，也是信仰的智慧。洱海水质纯净、物产丰富，千百年来一直为生存在湖边的人们提供各种水产品，养育了周边的一代代百姓。人们知道，湖泊就像大自然恩赐的一座宝库，如果只是不停索取，再大的宝库迟早也会消耗殆尽，所以人们一年当中有大半年的时间把渔船系在湖港里，不下水捕鱼，让洱海能够休养生息，也让水中的鱼类安心繁衍后代，维系种群保持一定数量。

开渔节这天，穿着传统服饰的人们在当地的本主庙里举行隆重的祭海活动，焚香念经，献上猪头、煮熟的整鸡、油炸橄榄片，并举行耍龙活动，感谢洱海的神灵一年来的庇佑。据当地人介绍，开渔节的习俗已经在当地的白族渔村中流传了4000多年。

◆ 开渔节祭海活动

◆ 开渔节耍龙

祭海仪式结束后，人们唱着动听的渔歌，扬起风帆下水捕鱼。一艘艘木船和一片片白帆飘荡在蔚蓝的湖水里，呈现出一片繁忙的景象——在我眼中，这是洱海一年中最美的时刻。

经过半年多的休养生息，洱海中的鱼类数量得到了增长，这为渔民们丰富的收获打下了坚实的基础。渔民们打鱼大多用渔网，撒下网，船行一段后，拉起渔网，过往的鱼虾就会被网住。相较于撒网捕鱼，鱼鹰捕鱼的观赏性要更强一些。鱼鹰也叫鸬鹚、水老鸦，经驯养和训练后，可以作为渔民捕鱼的得力帮手。饲养有鱼鹰的人家，出海捕鱼时，会带着鱼鹰一起，它们蹲坐在船舷上，意气高扬，就像一群出征的士兵或猎人。出水之前，渔人会先饿鱼鹰一段时间，这样，它们才有捕鱼的动力。

到了捕鱼的区域，鱼鹰在船舷上不停扇动双翅，口中咕咕有声，它们迫不及待地等着主人发令。鱼鹰的外观并不出众，体型比鸭子大一些，一身羽毛黑中带灰，站在船舷上，摇摇晃晃的身体显得有些笨拙。渔民轻轻挥动手中的竹竿，口中发出一声指令，鱼鹰听到口令，犹如士兵听到冲锋号，急匆匆地跃进湖中。进入水中，鱼鹰一改站在船上时的迟缓，变得矫捷而迅猛，它们在水中快速地潜游，寻找猎物——鱼。不一会儿，鱼鹰向渔船游来，口中叼着一只鱼，它双翅向后一摆，借力跃上渔船，抖一抖湿淋淋的身体，把战利品交给渔民，渔民则象征性地给鱼鹰一条小鱼作为奖励。也有一些饥不可耐的调皮鱼鹰，捕到鱼之后不是交给渔民，而是直接吞食下去。遇到这样的情况，聪明的渔民自有对付它的办法——鱼鹰下水之前，渔民会在它的脖子上用绳子围一个圈，然后打上结。绳圈的大小掌握得十分好，不会勒到鱼鹰的气管，以致影响它的呼吸，其宽度恰好可以压住鱼鹰的食管，阻止它把体型稍大的鱼吞到胃里。渔民看到鱼鹰脖子里鼓鼓囊囊的，就知道它肯定是吞食了鱼，但是又因为绳圈的阻拦无法入胃，只能卡在喉咙里。渔人抓住它的脖子，轻轻捏一下，它就会识趣地把喉咙里的鱼吐出来。鱼鹰和渔人彼此间默契十足，一只只鱼鹰不停地带着鱼跃进船舱，交

◆ 渔人与鱼鹰

出鱼后，又跃进水中进行下一次捕捉；渔人手中忙着接鱼，口中忙着发号施令，忙得不可开交。

洱海周边的渔民驯养鱼鹰有悠久的历史。养殖鱼鹰是一项技术活，从孵化、平日的喂养以及训练中的整个过程都需要花费大量的时间和精力，并要求每一个环节都不能出错。虽然如此，渔民还是喜欢驯养鱼鹰，因为他们对亲自喂养及训练的鱼鹰有一种介于孩子与伙伴之间的深厚感情。以前，洱海周边的鱼鹰数量庞大，近年来，由于会这门技艺的人越来越少，鱼鹰的数量已经十分稀少。它们的功能也发生了转变，已经不再进行实质性的捕鱼，而是从猎手转变为演员，为游客表演捕鱼。

吃鱼，讲究一个“鲜”字，秋天正是鱼最鲜肥的时候。刚从洱海中捞上来的鱼，味道是最纯正的，此时，正是大理酸木瓜大量成熟的季节，几乎家家鱼店都会做“酸木瓜煮鱼”这道爽口的菜。这道菜做法简单，但由于鱼的品质好，十分鲜香可口。有意思的是，每家饭店做这道菜的流程，所放佐料都差不多，但每一家的味道大同中却都有小异，这也许就是中餐的魅力所在吧，人们体认食物的滋味，总是带着情感的感受。除了酸木瓜煮鱼之外，炒虾及油煎银鱼也是大理的秋天不可不尝的美味。洱海虾香脆耐嚼，银鱼丰腴绵厚，这两道菜，既可佐酒，也可以下饭，是饕餮们的大爱。

洱海里生长一种叫作海菜的水生植物，这种植物的茎叶是绿色的，夏天开白色的花，花期一直可以持续到冬末。这也是一道美味，秋天，田间的芋头也成熟了，煮一碗海菜芋头汤，是最具创意的搭配。海菜鲜绿，芋头洁白，光是看着就足以让人赏心悦目，这道菜清爽滑嫩，深受当地人喜爱，也几乎是每一家饭馆的招牌菜。

◆ 酸木瓜煮鱼

对于游客而言，开渔节是旅途中的一场民俗与美食的盛宴，对当地的渔民而言，开海捕鱼是一年中生计的主要来源之一，辛苦而满含收获的期待和喜悦。离开双廊之后，我们去了洱源县，从字面意义就可以看出“洱源”有“洱海源头”的意义。中国人历来有“原本山川、极命草木”的精神，热爱一个事物，就热衷于探寻它的源头和背后的意义。热爱苍山洱海的人，不妨移步洱源县一游，这样更能立体地感受苍山洱海的风韵。游洱源，最值得去的地方是西湖，西湖湖水清澈，湖中多芦苇蒲草，生态良好，适合荡舟其间。一种其他地方不常见、对栖息地要求十分高的珍稀鸟类——紫水鸡，是西湖的常客。明代旅行家徐霞客经过洱源时，曾游览西湖，他被西湖的山光水色和荷花渔村所陶醉，在其游记中写道：“悠悠有江南风景，而外有四山环

◆ 海菜花

翠，觉西子湖又反出其下也。”徐霞客游历过祖国的很多地方，也曾欣赏过“欲把西湖比西子，淡妆浓抹总相宜”的杭州西湖，在徐霞客眼中，洱源西湖的景致比杭州西湖的美，兴许是动了思乡之念。

◆ 洱源西湖

洱源的另一个湖泊茈碧湖也十分值得一游。茈碧湖位于洱源县东北部，东北方是山脉，西南边是村庄和田地。茈碧湖因花得名，茈碧花是一种美丽的花，属睡莲科，浮在水面的叶子呈心脏形，根长在水底泥中，开的花是黄白色的，和莲蓬十分相似。这是一种神奇的花，据当地的朋友介绍说，茈碧花的开放与闭合十分守时，只在每天下午2点至4点开放，其余时间花瓣是闭合的。茈碧花不但花朵优美、形态神奇，还是一道美食。清代《云南通志》记载了茈碧花的形态，同时记载了当地人采食茈碧花的情形：“茈碧花产浪穹县（今洱源县）宁湖中，似莲而小，叶如荷钱，茎长六七寸，气清芬，采而烹之，味美于蓴菜（莼菜）。八月花开满湖，湖名茈碧以此。”洱源县是白族居民较为聚居的地区，民族风情浓郁，这从他们的建筑、习俗、语言、服饰、饮食等各方面都可以体现出。

白族人信仰本主，每年农历七月二十三日，是茈碧湖河头龙王段老三的本主庙

◆ 洱源茈碧湖秋色

会，到了这一天，附近的白族群众会聚集到茈碧湖河头龙王庙，烧香祭祀本主，举行文艺演出和对歌，夜晚则放海灯。

白族最有特色的食物之一是生皮。生皮，顾名思义就是生猪皮，云南的一些少数民族有“吃生”的独特习俗，比如肝生、生皮、生肉等，这是少数民族一项历史悠久的传统习俗。大理白族群众吃生皮的习俗，以洱源地区最为流行，在这里的一些乡镇，生皮几乎是一道家常菜。不明就里的外地人，一定会被“生皮”的名字吓住，我第一次面对这道“美味”时，也是迟迟不敢动筷子，直到看到了生皮的加工及制作过程，才打消了心头的疑虑。

生皮的“生”，其实并不是人们所从字面上看到或者理解的“生”，大理的白族人称这道菜也不叫“生皮”，而是直接叫“皮子”，从“皮子”并不能看出它的生与熟，“生皮”这个词，一定是在把白语翻译为汉语的过程中出现了认知和理解的偏差。作为一位汉族老饕，只要一有机会，我都会苦口婆心地为这道菜“正名”，以避免一些朋友因望文生义错失一道顶级的美食。云南人有吃猪皮的习俗，并且把猪皮吃到了极致，云南的每一家烧烤店，基本都会有烤猪皮这道菜品。很多饭店里，也会做炸猪皮（炸过的猪皮称为泡皮）或者煮猪皮这道菜，特别是酸菜煮猪皮，是宣威菜系里必不可少的拿手菜——有没有这道菜，甚至是衡量一家宣威菜馆是否正宗的重要标准之一。在一些老派而地道的传统米线店里，会有一道特别的“帽子”——叶子，初到云南的外地人，可能不能理解叶子的准确含义，它并不是什么植物的叶子，而是用各种佐料烹煮过的猪皮。顾名思义，鳝鱼叶子米线，其实以鳝鱼和猪皮为“帽子”的米线。

在大理参加了开渔节然后赶去洱源旅游的那个秋天，我曾全程见证了烧猪皮的过程。云南人杀猪，大多采用滚水烫煮而后用刀刮的方式去除猪身上的毛，而大理的白族则采用另一种方式去毛。他们杀猪的时候，会用稻草烧一堆火，用稻草燃烧的火焰和火灰的热力烧尽猪毛。这是一个技术含量很高的活计，稻草易燃，但不耐烧，因此火力十分难控制。主持烧火的人，必须对猪皮的柔韧度、质感有深刻的了解，掌握好

◆ 大理生皮

火力和烧的时间。烧猪时，如果火小了或者时间不够，猪皮无法烧透，无法把猪毛完全清理干净；如果火大了或者烧的时间过长，猪皮就会被烧焦成炭，甚至被烧得皮开肉绽，失去食用价值。烧猪时，需要有经验的师傅掌控好火力、时间，以及翻动的时机、部位。刚烧好的猪，通体都是黑乎乎的，模样并不好看，经过反复冲洗及刀刮，清除了表面的灰烬和被烧焦的表皮，整头猪呈现出诱人的金黄色。此时，皮子及其以下几厘米的部位实际上已经被稻草烤得有八九分熟了，之所以仍然称之为生皮，是由于不再进行二次炒或者煮的加工而已。

将烧好的猪开肠破肚，按部位分解之后，就可以制作生皮了。在洱源县，人们吃生皮时，极少单独吃皮子，而是和其他部位搭配一起吃，只是为省事，单独叫吃皮子而已。火烧过的猪，猪拱嘴和耳朵基本已经熟透，可以直接吃，由于数量有限，这两个部位通常只有很少的人能享用到，物以稀为贵，据说其口感鲜嫩爽脆，不亚于生皮。吃生皮时，通常只取最表层薄薄的三四毫米的部分，切成一厘米宽、两厘米长的方块，装在一个大盘子里端上来——通常，盘子的面积被均匀地分成三份，皮子占其中的三分之一，另外三分之二则是生肉，生肉又分成两种：净肥肉和净瘦肉。肥肉和瘦肉都被剁成了碎末，各占盘子的三分之一，盘子里的三种食材颜色和质感都不一样，皮子是金黄色的，肥肉是雪白的，而瘦肉是鲜红色的，其色彩搭配令人赏心悦目。准确地说，这道菜被称为生皮的菜，应该叫作生皮生肉才对，如果到餐馆点菜，一定要和店家说清楚是三种食材都要还是只要其中的一种或两种。通常的情形是这样的，虽然同是“吃生”，但生皮的接受度要更高一些，人们往往

◆ 大理生皮

会忍不住好奇心吃上一口，继而有第二口、第三口……至于生肉，有的人不敢尝试，有的人则甘之若饴。

生皮和生肉的美味，主要来自于食材的新鲜与本味，另外一部分则是来自蘸水。用葱、姜、盐、辣椒、芫荽、梅子醋等佐料调制成蘸水，酸辣爽口，吃的时候蘸一下，食材的本味与蘸水的味道交织在一起，释放出独一无二的味道。梅子醋是用当地产的青梅酿制而成，酸味醇厚清冽，是搭配生皮生肉最重要的佐料，在蘸水中起着画龙点睛的作用，不但可以提味，还有一定的杀菌、消毒、促消化作用。生皮生肉口感鲜嫩滑爽、极有嚼头，是不可多得的美味。更妙的是生皮生肉材质不同，三种食材各有各的口感，既可单独吃，也可以随意搭配放入口中；蘸蘸水时，蘸多蘸少，蘸深蘸浅，全凭自己的喜好。因为这些原因，生皮生肉是一道充满了无限可能和创造性的菜肴。当地一些人杀猪时，还会制作肝生。肝生即生肝，刚取出的动物肝脏，切碎并伴上作料后直接食用，据说有补血及治疗流鼻血的奇效。当然，这些食材一定要选用当地健康的生态猪。

红茶节：茶马古道上的茶文化之旅

中国人有各种各样的节日，有的节日由来已久，且在人们的心目中有重要的地位，比如春节、中秋等；有的随着时代发展，如今已经渐渐退出人们的视野，比如春社、寒食、腊日等；有的节日是舶来品，但国人也过得不亦乐乎，比如情人节、圣诞节。还有的节日，是人们根据社会需要，把散存在民间的文化、信仰、习俗等元素作为它们的载体，集中在一段时间里以节日的名义进行展示，久而久之，就会形成一个新的节日，比如凤庆的红茶节。

红茶节，顾名思义就是以红茶的名义举行的节日。在云南，提到红茶，最深入人心的就是滇红。红茶节是为茶叶爱好者量身定制的一个新兴节日，对茶叶感兴趣的旅客，一定能在“红茶之旅”中收获快乐和知识。没有任何一趟旅行是孤立的，吃、

◆ 凤庆县大寺乡澜沧江新漭街渡大桥风景

住、行、游每个环节都是旅途不可分割的一部分。通过茶叶作为切入口，深入茶叶主产区的山山水水，感受那里的风土人情，这才是旅行的意义之所在，也有助于人们深化对茶叶的理解。

在中国人的传统文化里，茶叶不是寻常的饮品，而是被赋予了无数的文化标签与情感寄托，比如“禅茶一味”的禅意、“休对故人思故国，且将新火试新茶”里的故园之思、“寒夜客来茶当酒，竹炉汤沸火初红”里故友重逢的喜悦……饮茶除了可以满足口腹之欲外，还带着文化和哲学的含义，因此中国人对饮茶之事丝毫不敢马虎，就连用什么水也讲究颇多。

一百个人有一百种饮茶习惯，除了专嗜某一种茶叶的茶客外，大多人喜欢的茶叶应该不止一两种。我认为品茶犹如品美食，口味不妨杂一些，尽量多尝几种茶叶，在寻找的过程中，不但能最终找到适合自己的饮品，而这个探寻的过程本身也是充满乐趣与意义的。茶不但是饮品，在一定程度上也是药品，能调理身体的一些机能。对于善饮者而言，各个季节适合喝什么茶，是一件值得思考的事。春天天气渐暖，万物萌发，适合喝花茶；夏天炎热，消暑解渴首选绿茶，也适合喝茶气凛冽的生普洱；秋天秋高气爽，空气通透，适合喝茶性温和的青茶和红茶；冬天天气干燥寒冷，适合喝熟普洱暖胃驱寒。红茶，从艳红的色泽，浓郁的香味，再到醇厚回甘的口感，都十分适合秋天饮用。如果秋雨连绵、乍暖还寒，一杯红茶在手，即可暖腹，又可以暖心，甚至可以一扫心头的阴霾；如果是晴空万里、秋高气爽的天气，也适合喝红茶，红茶通透、明亮、温和的品质和秋季的晴天有异曲同工之妙，此时喝红茶，能喝出“晴空一鹤排云上，便引诗情到碧霄”的豪迈和诗意。

凤庆的红茶节选在秋天举办，充分考虑到了红茶的性质和特色。凤庆县地处云南省西南部，境内河流属澜沧江、怒江两大水系，澜沧江从西北到东南流向，穿过整个县城。凤庆气候属中亚热带季风气候，有雨热同季和干凉同季的特点，气候温和，日照充足，冬暖夏凉，雨量集中，干湿分明，适宜种植茶叶，境内所产茶叶蜚声海内外，其中又以滇红最为著名。滇红条索肥实，汤色红浓明亮，叶底红艳发光，香味浓郁，是红茶中的精品。这是一款有着悠久历史的茶叶，自品牌开创以来，一直兴盛不衰，其良好的品质奠定了它在茶客心中的崇高地位。

◆ 红茶

在中国，饮茶是一件大事情。开门七件事，柴米油盐酱醋茶，茶对中国人而言是生活的必需品。自古以

◆ 2016年凤庆红茶节

来，描写茶叶的作品数不胜数，从被奉为经典的陆羽《茶经》，到第一部普洱茶专著阮福的《普洱茶记》，人们探求茶文化的脚步从未停止过。要深入了解一种茶叶，最好的方式莫过于深入产地，亲自见证、观察茶叶的种植和生产过程，感受悠久厚重的茶叶文化。

在凤庆，茶文化渗透到茶农、制茶者生活里的每一个细节和制茶环节中。凤庆县种茶的历史十分悠久，境内到处可见成片的茶园，境内还有树龄长达3200多年的香竹箐栽培型古茶树，有民国以前栽培的2万多亩古茶园和3万多亩野生古茶树。1939年，茶叶专家冯绍裘先生到凤庆创建了顺宁茶厂（凤庆古称顺宁），茶厂生产的滇红茶享誉海内外。悠久的历史与精良的工艺，为凤庆红茶日后的畅销打下了坚实的基础。

在凤庆茶厂里，通过参观红茶制作流程及听取工作人员的讲解，我们初步了解了凤庆红茶的制作工艺。古树红茶属于发酵茶，以当地大叶种乔木茶树鲜叶为原料，采摘后的茶叶，经萎凋、揉捻、发酵、干燥等大工序制作而成，其中每个大工序又细分为若干小工序。将茶树上采摘下的新鲜茶叶放置在通风透气的竹帘上，或者在阳光下晾晒，使之散发水分的过程称为萎凋，当水分散失到一定程度，茶叶变得柔软、松散时放入揉捻机内进行揉捻，使茶汁渗出，茶叶成为蜷曲状。揉制好的茶叶放入竹篓或者木盘中自然发酵，这是决定茶叶色、香、味的关键。在揉捻的过程中，揉捻的压力致使叶细胞受损，茶叶内的各种元素交融在一起，产生了聚合作用，发酵就已经开始了。而在正式的发酵过程中，发酵的效果会得到最大限度的释放与加强。发酵完成后，需要对茶叶进行烘干，使茶叶内的水分降低。经过干燥的茶叶，重量变轻，不易变质，便于储藏及运送。

世界上没有两片相同的树叶，世界上也没有两款相同的茶叶。茶叶的口感受树龄、海拔、土壤、气候、光照、雨水、采摘、加工时间、加工工艺等种种因素的影响，而其中的一些因素并不以人的意志为转移。即使是同一片山地所产的茶叶，也会因为一些因素的影响，口感略有不同。这就是茶叶的魅力所在，制作茶叶，就像制作一件艺术品，所有艺术家都知道，他们可以引导、创造艺术品的风格类型和美学走向，但是却永远无法保证成型后的作品与预想中的完全一致。大部分时候，是艺术品自己成为艺术品，艺术家只是承担了引导及催化的作用。同理，云南红茶的优良品质，同样是茶叶本身自己赋予自己的。所以，在茶叶领域，“佳品天成”这个词，很多时候都是至理。

在茶厂，我们品尝了当年新出的红茶，这批茶刚烘干，还未包装。在茶叶的大家族中，有的茶适合喝新茶，比如绿茶，取其清新之味；有的适合喝陈茶，比如普洱，存放的时间越长，香味越醇厚。红茶则兼有两者的优势，新茶清新可口、柔嫩爽滑，存放一年再喝，则味道浓烈醇厚、回甘悠久。取一撮暗红色的茶叶放入玻璃杯中，加入开水，茶香味立即扑鼻而来，透明的水逐渐变成明净、通透、均匀、鲜艳的红色，

◆ 凤庆茶山

这个过程，让人不由得心生喜悦。热腾腾的茶水喝下去，唇齿留芳，茶汁的浓郁气息直透肺腑，回味绵长。

到了凤庆，除了品红茶，当地的特色美食也不能错过，比如粑粑卷、腊肉、山胡椒酱、核桃、猪血肠、白花煮米豆等。粑粑卷的制作原料主要是豌豆粉、锅巴、饵块等，其中以豌豆粉为主，配以辣椒、草果、茴香等佐料，掺水搅拌成糊状，再将豌豆粉放在锅上烘烤成薄片。粑粑卷十分美味，既可以果腹，也可以作为开胃小吃。凤庆当地的腊肉，和其他地方的做法不一样，猪肉用酒、盐和各种香料腌制一个星期左右即可捞出晾干。香料的味道与肉质融合在一起，且因为腌制的时间不长，肉的本味得以充分保存，香料只是辅佐，目的是最大限度地保留肉香。山胡椒是凤庆本地的特产，每年夏秋之际成熟，把山胡椒粒摘下、洗净，然后用适量的盐把山胡椒粒腌制一会儿，将小米辣和大蒜剁成碎末，姜切成丝，加上水豆豉一起腌制，是一道爽口的开胃菜。凤庆是红茶之乡，生活中红茶随处可见，自然有人会萌生用红茶做菜的主意，红茶烧肉于是应运而生。顾名思义，这道菜的原料是五花肉和红茶，红茶烧肉制作简单，将红茶用开水泡出茶汁，将五花肉焯水、切块，下油锅煸香，加少量糖、盐，加入红茶水，小火炖煮即可。红茶色泽艳丽，用来给肉上色，色泽比酱油要清新，红茶营养丰富，含有各种酶和化合物，这些物质在一定程度上消解了五花肉的油腻，让这道菜肥而不腻，润滑爽口，是红茶入菜的典范。

到凤庆参加红茶节，除了可以品尝到最正宗的滇红之外，还可以游览鲁史古镇和顺宁古道，感受当地悠久的历史文化底蕴与茶马古道风情。

在云南乃至中国的茶叶史上，茶马古道永远都是一座丰碑似的存在。可以说，如果没有茶马古道，就没有云南茶叶千百年来的兴盛，中国茶叶史的风采也会大打折扣。如果有充足的时间和准备，进行一次茶马古道的探秘之旅，沿着茶马古道的主要线路作一次远游，感受古道沿线的人文地理和风土人情，不但可以再次加深我们对茶叶的了解，还可以对云南的概况有一个深入的了解。顾名思义，茶马古道是以马帮为主要运输方式，以茶叶为主要运输品的道路贸易，在它存在并发挥作用的千百年来，古道已经突破了贸易的意义，在很大程度上影响着沿途城镇的生产和生活方式，人文景观蔚然成风。茶马古道路途遥远，在云南境内留下的遗迹数不胜数，其中又以丽江拉市海、大理州剑川县的沙溪古镇、祥云县的云南驿、普洱市的那柯里、临沧市凤庆县的鲁史古镇等保存得较为完好。

因工作繁忙，生活节奏比较快，专门进行一场茶马古道之旅对很多人而言似乎不太现实，但我们可以把茶马古道探秘之旅分成几次进行，在每一次出游中游览一两个与之相关的城镇或景观，再把游历的经历汇总起来，就能对茶马古道的风貌有大致了解。

游览茶马古道，秋天是一个不错的选择，云南的秋天层次丰富，色彩斑斓，秋意浓重，且不同的区域都有不同的特色，游客也会产生不同的感受，有更加丰富的旅游体验。丽江市拉市海，大理州剑川县的沙溪古镇、祥云县的云南驿，普洱市的那柯里，临沧市凤庆县的鲁史古镇等茶马古道上的重镇，都有深厚的历史积淀，其建筑古色古香，古风犹存，秋天来到这些地方，在湛蓝的天空和斑斓的秋色里，更能深入地体会古镇的历史底蕴。更重要的是，秋天是一个收获的季节，物产和食材的丰富程度比其他季节要可观，秋天踏上茶马古道，不但能领略古道的风景，还能来收获一场舌尖上的美食之旅。

借红茶节的契机，我也走访了茶马古道上的重镇——鲁史古镇。鲁史古镇不仅是茶马古道上的重镇，也是顺宁道上的重要驿站，凤庆古称顺宁，顺宁道是联通大理、临沧以及滇西重要城市的要道，自开通以来一直十分繁华，商旅往来不息，沿途的一些村落也因马帮及行旅的聚集而成为大的聚落。600多年前，明代旅行家徐霞客入滇游历，也曾沿顺宁道到达过鲁史镇，并在这里度过了1693年的中秋节。《徐霞客游记》里有这样的记载："三里，蹑冈头，有百家倚冈而居，是为阿禄司。其地则西溪北转，南山东环，有冈中突而垂其北，司踞其突处。其西面遥山崇列，自北南纡，即万松、天井南下之脊，挟澜沧江而南者；其北面乱山杂沓，中有一峰特出，询之土人，即猛补者后山，其侧有寺，而大路之所从者。余识之，再瀹汤而饭，以待驼骑。下午乃至，以前无水草，遂止而宿。是夜为中秋，余先从顺宁买胡饼即烧饼一圆，怀之为看月具，而月为云掩，竟卧。"

◆ 鲁史马帮

徐霞客笔记里记载的阿禄司即今天的鲁史，阿鲁是彝语小镇的意思，而"司"是当年的巡检司驻地。徐霞客是江南人，万里迢迢来到云南凤庆，在鲁史镇恰逢佳节，孤身行旅之中，可以

◆ 鲁史古镇石板路

想见其内心的孤独，而他过节的物品也只有一样——一枚烧饼，徐霞客怀揣烧饼去看月，但那晚的月亮似乎也有一些不近人情，被云给遮住了，徐霞客只能回住处早早休息。这情景让徐霞客有些伤感，第二天早晨，他无心在此停留，踏上了前往蒙化府（今大理巍山县）的旅途，但却与白天热闹非凡的鲁史镇擦肩而过。

今天步入鲁史古镇，它的地形地貌也一如徐霞客笔下的记述，山冈、寺庙、道路、房屋、建筑，都有历史的痕迹。刚下过一阵雨，清晨，古镇及周围的田野笼罩着一层薄薄的雾气，在白色的雾气里，绿色的树木和古色古香的建筑显得静谧安详。村中的石板路湿淋淋的，一些石板上还留着马蹄踩出的清晰蹄印。路口传来一阵铃铛的轻响，被清晨微凉的风吹得忽远忽近，只闻铃声，不见骡马，不知道这铃声是不是来自过去的马帮的回声。行过转角处的房屋，一匹驮马出现在眼前，这是一匹健硕的骡子，头上戴着鲜红的笼头，脖子上挂着一枚叮当作响的铜铃，背上托着两捆干柴。骡马的主人是一位60多岁的老人，他的头发有些花白，但是步履仍然十分轻快，一只手背在身后，另一只手扶着口中的烟锅。烟锅的竿有三四十厘米长，是用紫竹做的，被摩挲得油光金亮。烟锅里装着旱烟，老人抽一下，红色的火光就闪烁一下。老人和他的骡马像两位相识多年的老伙计，彼此默契十足，不需要催促也不需要鞭打，彼此就能跟上对方的节奏和步伐，不紧不慢，悠然自得。

漫步在鲁史古镇，每一座房屋、每一条街巷、每一棵树木、每一口水井都那么新奇、那么宁静，让人流连忘返。仿佛时光停滞了，仿佛将来的某一天，远去的马帮会再次踏着蹄痕斑驳的古道，在一阵悦耳的铜铃声中归来。

游过鲁史古镇，不妨趁着仍在凤庆县，移步同县的诗礼乡古墨村一游。鲁史与古墨都是古村镇，二者却有不同的气质。鲁史文化底蕴丰厚，声名远扬，因是马帮经过的重要驿站，各种不同的文化交流融合，形成了它包容、多样的文化属性；古墨则由于地处深山，如小家碧玉一般，虽风华绝代却很少为人所知，长久以来都是“养在深闺人未识”。近年来，因旅游业蓬勃发展，到过古墨的人被它古色古香、安详静谧的环境所吸引，大多对它交口称赞，古墨也因此渐渐进入外界的视野，吸引着越来越多的人前往。中国的地名，大多有来历以及特定的含义，是地理历史与文化习俗的缩影。诗礼、古墨，多么具有文艺气息的名字，只是听名字，就能感受到它们浓厚的文化底蕴。据当地人介绍，古墨的名称是这样而来的，这个村子重文守礼，古风悠远，擅长文墨的人十分多，他们饱读诗书，学而优则仕，积极参加科举，清朝年间，这里就有7人考取进士，现在村里仍存有进士牌匾。

古墨村风景秀美，古树成荫，一条清澈的河流从村中穿过，这条河流有一个美丽的名字——情人河。情人河清澈见底的河道、两岸绿树葱茏的景致，都让人流连忘返。古墨村最有特色的景观是各种各样的石头建筑，包括石屋、石桥、石牌楼、石磨坊。情人河两岸，有保存较为完整的古磨坊群，包括碾子坊、榨油坊、造纸坊，它们古朴生动，与优美的自然环境融为一体，充分体现了当地人精湛的建筑技艺和生存智慧。曲曲折折的石板路像一条精致的纽带，把古磨坊和村民的房子连在一起。

古墨村气候温润，风调雨顺，村子附近的田地盛产苞谷和稻谷。苞谷和稻谷收回村之后，需要磨成面或者脱壳后才能食用。智慧的村民在河边建起了一座座水磨坊，利用流水的力量磨面和脱粒，这样不仅省力，还成为古墨村一道亮丽的景观。村民们利用水磨坊已经有悠久的历史。据记载，这里最早的古磨坊建于清朝嘉庆年间，距今已有200多年历史，现有磨坊30余间，其中的一些现在仍然可以使用，在秋天收割之际来到古墨村，还可以在村里看到村民在水磨坊磨苞谷面和碾稻谷的场景。这种传承了无数年的工艺，于村民而言是一种司空见惯的生活场景，对游客而言却是难得一见的

◆ 茶园

人文景观。除了水磨坊之外，村里还有各种各样的石头建筑，包括碾子坊、榨油坊、造纸坊遗址、石桥等。在村里漫步，可以深刻感受到古色古香的农耕文化。因建筑群数量及样式丰富，具有独特的建筑美学风格，2011年，古墨村古磨坊群被认定为省级重点文物保护单位，极大地提升了古墨村的知名度。

古墨村的山林中有成片的核桃树，它们生机勃勃，长势喜人，是不可错过的景观。据当地人介绍，古墨现有核桃6000余亩，核桃不但是经济价值极高的作物，也是无价的生态之宝。古墨村掩映在核桃林中，空气清新，气候温和，村民们时时刻刻生活在一幅优美的生态画卷里，生活在一座“天然氧吧”中，身心愉悦，生活幸福。

夏天到古墨，可以在树荫浓郁的核桃林下漫步，感受林间的清凉和惬意。秋天到古墨，则可以亲身感受村民收核桃的劳作场景，感受收获的喜悦和甜蜜。核桃是一种营养丰富的水果，吃干果时又香又脆，刚收获不久的核桃，敲开果壳，取出新鲜的核桃瓣，轻轻撕去它表面的薄皮，露出娇嫩洁白的果肉，此时的核桃富含水分，鲜嫩多汁，轻轻一嚼，满口都是清甜的汁液，如果蘸本地产的蜂蜜食用，其味道更是堪称人间极品。新鲜的核桃，除了当作水果食用外，还可以做成菜，把核桃仁剥出来，撕去表面的薄皮，下油锅一炒，就是一道时令性极强的美味佳肴。

山川是一座宝库，优美的自然环境与良好的生态环境，必定出产丰富的生态美食。古墨有野生香菇、蕨菜、木耳等山珍，有核桃、松子等坚果，有农家自产的火腿、吹肝、豆腐肠、土鸡等佳肴。在古墨的旅程，不但能愉悦身心，还能愉悦口腹。

建水孔子文化节：文化、美景与美食的盛宴

在云南，有很多地方都值得反复去，每次去都会有新的发现和感受，且不论去过多少次，再一次踏入之时，仍有初会般的新奇与惊喜，建水就是一个这样的去处。

以前多次到过建水，却没有一个主题——当然，去建水不需要主题，甚至不需要缘由，只要去，不论何时去，都会有超出预期的收获。在建水时，要么在城里寻找美食，要么在朱家花园流连，要么直奔青龙桥或者团山，却一直未踏入建水文庙，因文庙在我心中是一个神圣的存在，丝毫不敢抱着游玩的心态进入。近年来，每年秋天，建水都会举办孔子文化节，以纪念先贤孔子。云南多地都有文庙和孔庙，其中又以建水文庙规模最大，以节日的名义开启云南文庙之旅，一定会有丰富的收获，获得丰厚的文化滋养与熏陶。

在中原文化的语境里，云南一直是边地，是文化的不毛之地。汉宣帝年间，有方士向朝廷献言说云南出现了金马碧鸡的神灵，皇帝册封四川文人王褒为持节史，前往云南迎求金马碧鸡的神灵。王褒到了川西一带，诸蛮叛乱，道路阻隔，只得徒劳而返，返程途中，王褒病逝。预感到生命即将终结，王褒在临死前写下了《移金马碧鸡

◆ 建水县双龙桥

颂》："持节使王褒，遥拜南崖，敬移金精神马、缥碧之鸡，处南之荒，深溪回谷，非土之乡。归来归来，汉德无疆，广乎唐虞，泽配三皇。黄龙见兮白虎仁，归来归来，可以为伦。归兮翔兮，何事南荒。"在这篇颂里，王褒直白地将云南称之为"南荒"，为金精神马、缥碧之鸡出现在云南而顿足长叹，认为云南并不适合神灵长居，虔诚祈祷神灵回归"汉德无疆"的北方，在他眼中，这种迎求既是一种期许，同时也是一种具有双重意义的恩赐。一首汉朝时期的云南民谣《博南歌》则唱道："汉德广，开不宾。渡博南，越兰津。渡澜沧，为他人。"在当时一些人心中，开拓不宾之地的云南，是"汉德广"的衍生物。《移金马碧鸡颂》和《博南歌》传达出一种那个时代特有的语境，在这种语境里，云南被视为南荒和不宾之地，显然，这种认知具有地理与文化的双重属性，中心和边缘被强大的地缘意志严格区别，并顺势划分出主次和高下。

◆ 建水文庙祭孔大典

一个地区的文化根基，该如何构建呢？建水文庙无疑能给我们启示。在漫长的古代史中，云南与中原地区的政权一直若即若离，二者既有千丝万缕的联系，同时又相互游离，长期处于拉锯之中。清人孙髯翁撰写的有天下第一长联美誉的《大观楼长联》，用四句话概括了漫长的历史时期里中原政权与云南的关系，这四句话是“汉习楼船，唐标铁柱，宋挥玉斧，元跨革囊”。短短4句话，16个字，背后却各有与之对应的典故和故事，铺展开来，是一段漫长的历史画卷，其间包含了无数的金戈铁马与历史烟云。云南人对这4句话都不会陌生，对它们背后的历史也有大致的理解。

在元朝，云南被正式纳入中原政权的版图。1274年，元世祖忽必烈任命回人赛典赤·瞻思丁为云南行省第一任平章政事，主政云南。赛典赤·瞻思丁主政云南期间，励精图治，颇有政绩。他的主要功绩是兴修水利，在昆明地区筑坝修闸，疏通河流，修建农田灌溉工程，并开凿了通往滇池的宝象河、马料河等6条人工河，同时大力推广水稻种植和蚕桑业，使云南的农业有了长远发展。他的另一个伟大功绩是倡导儒学，主持修建了多所学校和文庙，建水文庙即是其一。

建水文庙建于元朝至元二十二年（1285年），至今已有700多年历史。自初建之后，经历代50多次扩建增修，建水文庙占地面积已达到7万多平方米，其现存规模、建筑水平和保存完好程度，都仅次于山东曲阜孔庙和北京孔庙，在全国大型文庙中名列前茅。建水文庙总体布局采用中轴对称宫殿式，仿照曲阜孔庙的格局建造，有1殿、2庑、2堂、2阁、5祠、8坊，是一组规模宏大的建筑群。步入大门“太和元气”坊，迎

◆ 建水文庙

面是占地20余亩的泮池，池内绿水满池，荷花飘香，池中建有思乐亭。大成殿建于明弘治年间，前檐的12根石拄，每根高5米，重达5000公斤，用整块大青石雕成。大门左右2根檐柱雕巨龙盘绕，称为“石龙抱柱”。文庙周围古柏森森，显得庄严肃穆、雄伟壮观，有“金碧壮丽甲全滇”之美誉。

漫步在建水文庙内，其庞大繁复的建筑和风景一步一景，让人有目不暇接之感。

赛典赤·瞻思丁修建文庙的功绩，丝毫不亚于其兴修水利与发展桑稻，有了文庙，一个地方的文脉才有根基，文化才能源远流长。建水文庙对当地的文化发展起了巨大的推进作用，自修建文庙之后，滇南地区的儒学蔚然成风，据清雍正《临安（建水古称临安）府志》记载：“设于府城建水的提督学院考棚，临安、元江、开化、普洱四府共一调。”这个考棚为临安、元江、开化、普洱四府的学子提供了科考的场所，他们中的一些人发奋图强、孜孜求学，在科考中取得了优异成绩。《新纂云南通志》记载，明代云南共出文进士261人，其中临安府籍的有56人，占全省文进士的五分之一；清代云南共出文进士692人，其中临安府籍的有158人，也占全省文进士的五分之一。其中，石屏的袁嘉谷考中经济特科状元，成为云南省唯一的状元，着实让处于边疆地区的云南人感到自豪。明清时期，云南的科考中，临安学子中科举者占了一半，有了“临半榜”的美誉。建水当地的民众间，流传着“进士满街走，举人多如狗”这样一句话，此话虽然是调侃，却也从一个侧面体现出建水文风的昌盛。

建水地区尊孔重儒的习俗由来已久，据嘉庆《临安府志》记载：每年春秋两季的上丁日，地方文武官员都要在文庙内祭祀孔子。参加祭孔活动，是地方文人学士的荣誉，一批批文人墨客和期望科举仕进的学子，按照朝廷颁布的礼乐典章，精研儒家礼乐，苦心考证祭孔礼仪，悉心钻研音律，使建水文庙的祭孔活动日趋繁复，成为滇南汉族地区规模最大的祭祀活动之一。在文庙举行的祭祀祀典以乐舞伴随，以乐歌贯穿始终，场面隆重，规模盛大。祭祀孔子的祀典程序、祭奠规格、乐舞编制、服饰、舞具和供品等都按照严格的礼仪程序进行，分为迎圣、初献、亚献、终献、送圣五部分。整个过程仪式感十足，十分震撼人心。

建水县朱家花园

孔子文化节的祭孔仪式是庄严肃穆的，是一道滋味厚重的文化大餐，参加祭孔仪式之后，不妨到建水的其他地方游览，一定能有丰富的收获。建水是一个让游客流连忘返的地方，境内景点丰富，且风格迥异，如庄严的文庙、华丽的朱家花园、壮丽的青龙桥、古朴的团山建筑群、神奇险峻的燕子洞、秀丽的小桂湖……每一个景点都让人如痴如醉，流连忘返。

这些景致我都曾游历过，而印象最深的当属燕子洞。燕子洞位于建水县城东边的泸江河谷中，有“亚洲第一溶洞”的美誉，盛名之下，足以想见它的风采。驱车到达景区之后，需要沿一段石板路步行前往燕子洞。因为刚下过一阵细雨，空气清净湿润，路边的石壁上都是生意盎然的青苔，林木的清幽之气萦绕在鼻端，若有若无。到了燕子洞入口，一个巨大的山洞门户大开，洞顶长满绿树，峥嵘嶙峋的石笋间悬挂着百十块牌匾，洞前是一潭平静浑浊的水。穿过洞口的小桥进入洞内，石洞幽深开阔，深不可测，最高处有几十丈，置身其间，人也如同一只燕子一般渺小。阳光从洞口照射进来，明暗渐变、层次分明。一位穿着黄衣服的小伙子正在为游客表演攀岩，他赤手在岩壁间攀爬，身手敏捷，手腿并用，步步攀升，在无可附着的石笋石柱之间也如履平地一般，看得我们胆战心惊，握紧的手心里全是潮热的汗液。小伙子攀升到最高点，又逐步回到原地，直到他落地，我们悬着的心也才落回胸膛。

观看完攀岩，我们乘船往里洞。越往里，光线越暗，在两壁山石的夹迫之下，船下的流水激越有声，拍打石壁的回响在洞里回荡，听得人耳鸣齿酸。我们去的时候是8月，燕子还没有飞到这里，否则百万燕鸣与流水共鸣，那景象应该更加壮观。两壁的钟乳石形态各异，有擎天石柱、白象汲水等形象，令人目不暇接。我将手从船沿伸入水中，河水清凉柔滑如新和的陶土。

船抵达幽暗的里洞，我们舍舟登岸，登上十几级台阶后，步入了一个宽大平整的石台。石台上有桌

◆ 建水燕子洞

◆ 建水燕子洞

椅供人休息，这里的气温比起外洞低了不少，身上颇有寒意。岩壁下有一溜小店，售卖洞中特产，有人送上一盘小吃，盘里是一碗热气腾腾的燕窝粥、几块精致的糕点，热粥入腹，暖意渐增。

在里洞游荡了一转，又乘舟出洞，出洞和入洞看到的精致是一样的，却给人截然不同的观感。这主要是光线的原因吧，船往洞口驶出，天光渐明，特别是要接近洞口的一段水程，回望洞里幽暗依旧，洞外则晴明透达，树木楼阁历历在目。经人讲解，我们得知这一片的溶洞和地下河十分多，河道相互通联，且有一部分至今无人涉足，我们今天游览的只是一小部分。

出了燕子洞，我们沿左边的石梯拾级而上，穿过一个个石洞，洞内供着各种佛像，旺盛的香火熏黑了祭坛。石壁上的牌匾和题咏随处可见，有云谷涌春、天地同流等。沿路一直走，会经过升仙坊，这是为纪念在燕子洞修道的段至罡道长而建的，坊上有题字“洞天福地”，还刻有孙太初先生的一副楹联：

何处问佛来，桃花依旧随流水；
此间有仙趣，燕子凭谁作主人？

建水还是有名的陶都，县境内制作陶器的历史十分悠久，出产的陶器一直畅销不衰。近年来，随着紫陶街等商业区的形成，建水陶更加红火，成为建水最华丽的标签之一。到建水，不能不做的事情就是上街“淘陶”。建水的大街小巷都有陶器店，品种丰富而风格各异，只要用心去寻找，总能找到自己心仪的，这个寻找的过程同样充满了发现的乐趣。

每个季节到建水，都会有不同的感触，我最喜欢的季节是秋天，因为建水不但人文景观丰富，也是著名的鱼米之乡，境内物产丰富，在收获的秋天来到建水，不但能一饱眼福，也能一饱口福。建水的美食难以胜数，经当地人总结，提炼出最有特色的十八种，统称为“建水十八吃”，分别是：第一吃，汽锅鸡；第二吃，过桥米线；第三吃，草芽；第四吃，酸石榴；第五吃，烧豆腐；第六吃，糯米揣莲藕；第七吃，曲

◆ 建水汽锅鸡

◆ 建水烧豆腐

◆ 建水酸石榴

江烤鸭；第八吃，燕窝；第九吃，燕窝稀饭；第十吃，燕窝酥；第十一吃，狮子糕；第十二吃；羊奶菜；第十三吃，脐橙；第十四吃，脆黄瓜；第十五吃，沙葳（红薯）；第十六吃，凉勺粉；第十七吃，炒米豆腐；第十八吃，水泡梨。

这十八种美食各具特色，每一种都能让人垂涎欲滴。这些美食，一些是一年四季都有的，还有一些则时令性比较强，只有在特定的季节才能品尝到，或者说在特定的季节才是味道最佳之时。如果非要选个时段，在一次出行里把这十八种美食都品尝一遍，则一定是在秋天去最合适。秋天是鸡鸭最肥美的时刻，能品尝到口味最佳的汽锅鸡和曲江烤鸭，再则，酸石榴、莲藕、脐橙、红薯、水泡梨等食物和水果都是在秋天成熟，燕窝也大多在秋天采收。秋天到建水，还可以品尝到当地特有的“田鱼”，田鱼即插秧时养在稻田里的鱼，秋天收稻谷时候捕捞，田鱼一般不大，品种大多是巴掌大小的鲤鱼和鲫鱼。建水人也把田鱼称为“谷茬鱼”或者“谷花鱼”。谷子开花的季节，谷花落在水田里，鱼吃了谷花，身体里会有谷花的香味。田鱼的正宗吃法是这样的：捕捞当天，用油把鱼煎透，放在碗橱里，当天不食用。到了第二天，蒸饭前撒一些辣椒面在鱼身上，同时放姜片、酸菜和花椒，放到木甑子下面蒸，到了吃饭时热气腾腾地端出来。菜在以前是用来“下饭”“哄饭”的，所以一碗鱼吃得到第三顿第四顿，鱼骨头都蒸酥了，吃完了鱼还有汤，浇在白米饭上，饭量大的人可以吃得肚皮打鼓，所以建水当地有句俗语“吃鱼害饭”，可见田鱼有多美味。

万历年间谢肇淛编撰的《滇略》一书曾经这样记载：“临安（建水旧称）之繁华富庶甲于滇中。谚曰金临安，银大理，言其饶也。其地有高山大川，草木鱼螺之产，不可阐述，又有铜锡诸矿，辗转四方，商贾辐辏……”建水物产丰富，所产的美食肯定不止以上的十八种。现在人们的生活节奏很快，不是每一个人到了建水都有大把闲暇时光满城游荡，把这里的十八种特色美食都品尝一遍。这十八种美食，有主食、有零食、有水果、有肉类、有时鲜素菜，它们都是主角，适合单独品尝，如果全部摆在一张桌子上，肯定会有博而不精、大而无当之感。如果在建水时间实在太赶，或者只是匆匆路过，只能选择其中的几种品尝的话，我首选过桥米线和烤豆腐，它们是建水美食的灵魂。

过桥米线无须赘言，只要到过云南的人，肯定都听说过它响亮的名头，而建水作为云南过桥米线的故乡（过桥米线的故乡，有蒙自与建水两种说法，两者都说得通，并行不悖），其风味肯定是最独特的，更让人感动的是，在建水，无论走进哪一家米线店，其味道都不会让人失望。最让我念念不忘的是建水的烤豆腐，每次一到建水，不管饿不饿，也不管累不累，第一件事情就是直奔烤豆腐摊，敞开肚皮吃个饱。在我看来，建水的烤豆腐和《广陵散》一样，都是人间绝唱。看着豆腐在炭火上烘烤，逐渐膨胀，析出油润的焦黄色泽，这个过程已足以赏心悦目。吃烤豆腐，最好是用手掰着吃，新鲜热辣。刚烤熟的豆腐抓在手里，由于太烫，得不停地从一只手抛到另一只手，稍凉后，掰下一小块，蘸当地特有的干、湿蘸水，趁热吃下去，外皮的焦脆与里面的鲜嫩各有千秋，同为绝味，其间滋味，妙不可言。用手掰着吃有三个好处：一是可以让手感受豆腐的温度、质感；二是豆腐掰开后，香气散发得更加浓郁，让鼻子也跟着受益；三是掰开后的豆腐，可以沾上更多蘸料，烤豆腐内部有一些细小的孔，放入湿蘸水碟里，蒜油、乳腐汁的汁液会自动浸润入豆腐中，与蘸干蘸水相比，吸饱了佐料汁液的豆腐味道饱满而厚重。烤豆腐放入蘸水的时间可长可短，豆腐滋味的厚薄也就有了微妙的区别，运用之妙，存乎一心，只要心手合一，一块豆腐也可以吃得风生水起、气象万千。如果用筷子，手感、香味的感受就不强烈，吃烤豆腐的乐趣也大打折扣。古人用“唇齿余香”形容食物的回味，吃了建水烤豆腐，不但唇齿余香，甚至手指也留有余香。

秋天时候来到建水，一定能收获一段名副其实的美食之旅。

华宁柑橘旅游文化节：一场陶文化之旅

历史上，云南多地都有窑口，最著名的是建水陶和华宁陶。建水以紫陶闻名，华宁则以釉陶，特别是绿釉陶畅行滇地。在云南，最具江南风韵的地方当属古称临安的建水，其陶器也继承了江南风骨，华丽精致，胎质刻绘宛如一幅陶质的山水画。华宁古称宁州，宁州陶的渊源也起自江西景德镇，但几乎已经完全本土化，烟雨江南的气息一落地便化成了生动活泼的人间烟火，这人间烟火的底蕴也是山水之色，但已经是云南的山、云南的水。

对华宁陶早已倾慕许久，2016年9月，我借华宁柑橘旅游文化节的契机，赶赴华宁寻迹“宁州陶”。中国的文化类节日有一个特点，即兼容并包，一个节日，通常会把当地所有的文化现象融合在一起，比如这次柑橘旅游文化节，它是以柑橘命名的，日程和内容却十分驳杂，包括华宁陶陶艺、文学、美术、书法、摄影、楹联大赛、陶瓷技工拉坯技能大赛、古龙窑开窑民俗活动、游览橘园、吃柑橘比赛、山地自行车赛、古陶艺术展和古陶交易会、陶艺制作DIY体验活动、特色炊锅宴等20多个活动，堪称华宁的博览会。

◆ 柑橘

华宁柑橘旅游文化节已经连续举办了10多年，每一年都热闹而喜庆，游人如织，不少游客参加柑橘节，其实都是奔着陶文化而去的。

华宁文风悠长，历史上文士频出；是有名的泉乡；盛产柑橘、香肠、菌子等美食。滇中自古相传着一句民谚：“新兴姑娘河西布，通海的酱油禄丰的醋，华宁陶器烧得绿。”这句民谚用简短的句子总结了云南中部地区特色鲜明的五样人和事物：新兴（位于云南省玉溪市市区）的少女、河西（位于玉溪市通海县）的布匹、通海县的酱油、楚雄州禄丰县的米醋和华宁的陶器。

在云南话里，“绿”，读“lu”，上声。在民间，谚语往往比典籍更深入民心，由此可见华宁陶在云南滇中的地位。评价华宁陶，用一个“绿”字来形容其釉色，虽不免笼统，无法概括其“釉色黄如纯金，绿如翡翠，白如羊脂，蓝如宝石，紫如剑气，青如松烟，开片精美”的丰富内涵，但从这句民谚中也可窥一斑而见全豹，由点及面，对华

◆ 华宁柑橘节长街宴庆典

◆ 传统华宁陶

宁陶的特色有一个粗略的印象。

走在华宁县城，虽然不认路，但我还是放弃了打车的念头。这是一座适合行走的小城，人行道绿荫浓密，丝毫不觉酷热。走着走着，闻见一阵清雅的花香，这香由淡变浓，渐渐能分辨出是缅桂，放眼一望，街角果然长着枝叶繁茂的缅桂花。

我的第一站是碗窑村。在乡村民间，很多地名都是有体温的，这体温来自该地延续了数百年的生存方式，指向一种直观的生活经验，是一座村庄浓缩了的历史。比如碗窑村，只是听名字，我们就知道它一定与陶有关。

碗窑村的制陶业有悠久的历史，一直是当地重要的陶器制作地和集散地。民国学者石璋如在民国二十八年（1939年）曾对碗窑村的窑业做过一次考察。当时，碗窑村的150户人家，有70家经营窑业，主要从业人员被称为窑工。窑工依据制陶所涉及的工艺有详细分工。除此之外，还活跃着与制陶业相关的其他一些工种，如挖陶土、卖烧柴的小贩，运送陶器的挑工、赶马人等。碗窑村有一条窑街，石璋如先生在考察报道里如此描绘当时的窑街：

◆ 华宁柑橘节长街宴

◆ 检视陶器

村前平地上，有一条拐尺形的窑街，鳞列栉比，都是售窑货的市房……在窑街上，每家都有一个或数个铺面，把出窑的货物，一挑一挑地挑到铺子里，随出随挑……窑街的铺子，纯粹是卖窑货的，其中都是一个老太太照料……铺子的布局，仅仅在柜台上摆放若干个瓶罐及人物鸟兽等少数玩赏品，以吸引人的注意力，而大批器物则堆存于地上，或楼上。来此购物的，有大商，有挑贩。挑贩是自己担着自己的筐子，来此买货，到附近的地方去销售，或者担到昆明去卖。由此到昆明有三日的路程。大商是用马驮。由铺子供给篓子，一匹马可以驮两个篓子。这篓子是用杂木的小枝条编成的，所以每个铺子的前面，都堆着大批的篓子，象征着他们生意的兴隆和辽远。

现今，这条“鳞列栉比”的窑街和商贩云集的景象已经难寻踪影，和其他地方的村子一样，这个村子急急匆匆地摧毁了旧的一切，却又来不及建立一个崭新的样式。村里的建筑新旧参半，新的是贴满瓷砖的洋房，旧的是青瓦土房。村旁是一个建筑工地，很多高楼正在拔地而起。

碗窑村在城北华盖山下，闻名遐迩的华宁陶就出自这里，远远就看见村口有一座高大的门楼，横批是“流光溢彩”4个大字。

漫步碗窑村，依旧能感觉到几百年制陶历史的遗迹，土墙的青瓦间，间杂有一些黄色的琉璃瓦，屋脊上也大多立着一尊陶制的装饰。房屋之间，辟有小块菜地，制陶的匣钵垒砌起来，就形成了一堵地埂，也有的人家用匣钵垒院墙。

◆ 华宁陶传统的龙窑烧制

当年烧制陶器的龙窑（阶梯窑），如今也已经废弃消逝了。

村里有一座“慈云寺”，曾是制陶公所的会址，如今虽略显衰败，但初建时的规制依旧保存完好。大门、前院、窑神店、前殿、天井、厢房、观音殿等建筑依坡而立，井然有序，屋顶的瓦有大半是金黄的琉璃瓦。窑神殿是慈云寺最有特色的建筑，也最能反映这个村子的历史。供奉窑神，是该村陶匠们对这一行业最朴素的敬意。窑神两边还分别供奉着金火娘娘和武财神赵公明神像、神位。当地人认为金火娘娘是火神，烧

◆ 华宁陶出窑

窑是火中求财，供奉火神是希望得到神灵庇佑，烧出好陶，供奉财神则是希望陶器销路畅通。窑神店对面的神龛供奉着碗窑村陶业创始人车朋的神位，牌上写着“始创本镇陶业车公讳朋之神位”。

观音殿前的《重建慈云寺功德碑》记载了碗窑村明初以来的制陶状况和渊源，该碑立于清朝咸丰甲寅年（1854年），历史价值重大。如今，古旧的碑文虽然略显残破，但仔细辨认还是能勉强阅读。碑文写道：

◆《重建慈云寺功德碑》

治北里许，华盖山下，大明洪武年间，有车姓者，由江西锦（景）德镇来滇，卜陶厂于此，为生活计，继则汪氏、张氏、彭氏、高氏、仲氏以及范、刘、柯、杨诸姓因亲及亲，因友及友接踵而至，遂萃处焉。因建公所于华盖山下，塑神立像，名三圣庵，厥后人烟蕃盛，嫌旧制偏僻卑隘，于乾隆辛巳年改作于窑街之上，更名慈云寺。慈者，谓大士慈航普度，有求必应也，云者，谓随处现身，变幻莫测也。迄今将近百年，人文蔚起……

从碑文中可以知道，华宁陶源自江西景德镇，重建者为明朝洪武年间的车朋，其后汪氏、张氏、彭氏、高氏、仲氏陆续迁来，陶业不断发展壮大，成立了制陶公所。从碑文中还可以得知，碗窑村先是创建了制陶公所，而后才建造了慈云寺。如今，制陶公所和窑街都已经消逝了，追思它们的遗迹，又得从慈云寺开始溯源。这一点，不知碗窑村的陶匠们在创建慈云寺时有没有想到。以辛劳卑微之躯，操艰苦烦劳之业，而不忘行功德善举，尊崇“慈航普度”的朴素善念，这也许也是华宁陶能风靡滇地几百年的重要因素。

在慈云寺功德碑前，用手指细细摩挲碑文，因碑文中的“为生活计”四字不胜唏嘘，又为“人文蔚起”四字而欣慰感慨。

石璋如先生的文章里还记载了一个让人动容的细节。20世纪40年代，瓦窑村生产的陶器品种丰富，任何一种生活中需要的陶器都可以在这里买到。陶匠们制作的一种小酒杯销量很大，但收入和成本不能持平，都是贴本，虽然如此，每户陶匠都做。原因一是酒杯小，入窑烧制时可放在其他陶器之间，不占地方；二是每个铺子都需要出售酒杯，这样货物才齐备，铺面才能名副其实；三是人们确实需要酒杯。所以即使蚀本，陶匠们也会做，这是生意，也是人情世故中最温暖朴素的部分。

◆ 华宁的秀美山川

◆ 华宁陶

晚饭是在碗窑村对面的一家饭店吃的，店名叫“瓦岗寨”。当天的饭桌上，有一道爽口的腌菜炒黄木丸。香肠、腊肉、泥鳅、鳝鱼等当地特产自然也是席中佳肴，酒则是本地自酿的烧酒，入口辛辣、醇厚回甘。饭后，我们到离城9公里外的象鼻山住宿，顺便泡温泉。

秋天，白天出太阳，气温很高，黄昏时下过一阵雨，山中的气温就降了下来，加之象鼻山树木繁茂，天黑后，山间已经有了一些凉意。象鼻山的温泉是天然泉水，水质清澈软滑，温度十分宜人，泡在水里，一整天的奔波与疲惫一洗而空，人变得神清气爽。

工业化开始全面影响社会之前，陶器的变化不大。每当凝视着一件件古朴、釉色鲜活的宁州古陶器，我都不相信它们是被批量生产出来的，即使是两款相同样式的，也于釉色细微处千差万别、各抒机杼。我见过一个新中国成立后的陶制筷筒，施白釉为底色，以青釉绘制了一张东风牌大卡车，车厢上草草写着“援越抗美”4个字，这样的图案难以免俗，但由于陶工匠心独运，刻绘流畅，加之杯体浑厚沉实，显示出一番

◆ 华宁陶

别样的古朴生动、天真活泼。

当下，传统制陶模式已经不适应时代发展，但华宁陶的香火仍旧在延续。在华宁期间，我参观了三四家陶厂，他们已经完全革新了延续几百年的传统陶业模式，以制作工艺品为主，在装饰上狠下功夫。陶厂的主人几乎都是年轻人，充满干劲，商业思维敏捷。他们生产的陶器以市场为主导，其中有的制作黑陶，在装饰中使用彩绘，黝黑的坯体绘上鲜艳的图案，十分夺人眼球；有的还融入曾经盛极一时的云南重彩画元素，甚至使用了西方神话中的人物形象；有的则独抒胸臆，把景泰蓝镶嵌工艺用到陶器制作中。一家陶厂则偏重传统，主人卧薪尝胆，反复实验，恢复了华宁传统绿白釉陶器的烧制工艺，传统的华宁白釉陶具，刚制成时，釉面浑然一体，经水后，釉面渐渐出现轻微断裂，自然成纹。

陶器是时间的产物，每个时代都有它们的代表作品，厚古薄今和喜新厌旧两种态度同存，则同兴；偏重其一而荒废另一者，则俱伤。创新和守旧都是出路，也都是陶器价值所在，我们参观的几家陶厂，主人都是两者并重，有此态度，华宁陶的神韵和风骨，依旧还在延续，并充满新的生机。

盘王节：瑶族历史文化之旅

中学时候，学习过彭荆风先生的一篇课文《驿路梨花》，这篇小说以作者在哀牢山南段的一次行军为背景，描写了一个军民鱼水一家亲的故事。这篇小说以优美的笔触、起伏的情节和浓郁的民族风情深深打动了当时仍为中学生的我，至今回想起来，脑海里仍然会浮现出一大片雪白的梨花。《驿路梨花》里写到了一位诚实守信、知恩图报的瑶族老猎人，这位老猎人在一次打猎中迷了路，进入梨树林中的小屋，吃了梁上的米和盐，走之前，他撕了片头巾上的红布、插了根羽毛在门上，以此告诉小屋的主人有一位瑶族人曾经来过。不久之后，他扛着一袋米再次来到小屋，以此答谢小屋

◆ 大山深处的瑶族人家

的主人。这位瑶族老猎人诚实守信、知恩图报的品行给读者留下了深刻的印象。如今回过头再次阅读这篇小说，发现作者写实的能力真是不一般，每一个小细节都契合当地的实际，比如平日照管小屋的人是哈尼族小姑娘梨花，瑶族老人平日在附近的深山打猎，体现了滇南地区各民族和谐相处的情形。瑶族老人留记号的方式是留下一片头上的红布，这是红河南岸瑶族的一个支系“红头瑶”的独特习俗。这个瑶族支系习惯在头上包一块红布，这是他们的服饰中最鲜明的特点，因此被称为“红头瑶”。《驿路梨花》中的瑶族老猎人一定也属于“红头瑶”，他的头上包着红布，因此以红布为记号，并且他相信小屋的主人进屋看到红布后，就能知道他的身份，从中不难看出这一习俗的独特性。

瑶族是散居在滇南地区的一个世居民族，他们大多居住在高山上，除了耕作之外，多年前还有狩猎的习俗。瑶族的文化习俗十分独特，盘王节是他们最重要的一个节日之一。

◆ 红头瑶

盘王节的举行时间是每年农历的十月十六日，“盘王”即盘古，在中国的神话传说中，盘古是一位国王。盘王节的来历有两种传说。其一是古时两位国王之间发生了战争，战事胶着，双方一时都无法取胜，其中一位国王向部下许诺，若能杀死另外一位国王，就把美丽的三公主许给这位勇士为妻。另外一位国王十分凶恶，大家都不敢应征，一位叫作盘瓠的勇士看到国王一筹莫展，于是应征了。经过一番搏斗，盘瓠杀死了对方国家的国王，取回了国王的首级。盘瓠被封为王，并取三公主为妻，这对夫妇生下6男6女12位孩子，他们是瑶族的祖先。一天，盘王到山里打猎，被羚羊触下山崖而死，儿女们为了替父报仇，杀死了羚羊，取羊皮制成长鼓，敲鼓歌舞纪念盘瓠。另外一个传说是古时天下大旱，瑶族背井离乡去逃难，途中渡海时，遇到了大风浪，出发时的12只船被风浪打翻了6只，在危难的时刻，瑶族人向祖先盘瓠祈求保佑，并许愿如果他们渡过危险，平安靠岸，就每年都重重酬谢盘王。他们的许愿被祖先盘王听到，不一会儿，海面风平浪静，船队在农历十月十六日平安靠岸，瑶族人得以存活下来，并繁衍生息至今。每年的这天，瑶族人都相互庆贺，举行庆祝活动，向盘王还愿，久而久之就形成了盘王节。

◆ 盘王广场

◆ 河口瑶族盘王节祭盘王

瑶族人崇拜盘古和盘瓠（在中国神话传说里，他们有时是同一个神话人物），把盘古和盘瓠统称为盘王，认为自己是盘王的子孙后代。盘王节这天，瑶族群众通过唱《盘王歌》、跳长鼓舞等活动纪念盘王，并欢庆秋收。在民间，盘王节又叫作“还盘王愿”“还祖宗愿”“丰收节”等。盘王节一般进行两天三夜，节日期间，瑶族人盛装打扮，宰杀牲口烹制丰盛的菜肴，并进行热闹的歌舞活动。

盘王节最盛大的议程是接盘王。在锣鼓和唢呐的乐声里，瑶族人组成庞大的队伍，有的人扛着狩猎用的猎枪，有的抬着犁耙，有的背着背篓和蓑衣等生产生活用具，一起到寨边接盘王。接到盘王后，4位成年男性抬着盘王的画像从寨子中穿过，寨中的村民见到盘王像，会上前敬拜，并敬献水果或鲜花。接盘王的队伍一直把盘王迎到祭坛上，然后到村外迎接参加活动的亲朋和来宾。

◆ 河口瑶族盘王节祭盘王

盘王接回村之后，就要举行祭拜盘王的仪式了。村民把盘王像挂在正中，把田公、地母等神灵的神像挂在两边。祭祀开始，村民鸣火枪三响，并燃放鞭炮，在鞭炮声中，寨中德高望重的老人在神像前供奉上牛头、猪头、鸡、糯米粑、酒和水果等祭品。村民面对神像默祝，表示敬仰和怀念。接着进行十二拜大礼，在祭师的主持下，全体村民拜盘王，向盘王行礼。这十二拜每一拜都有特定的内容，大多带有祈福的含义，比如家庭兴旺、五谷丰登、六畜兴旺等。

盘王节既是瑶族人民祭拜祖先盘古的节日，也是村民欢乐喜庆的聚会，既娱神又娱人。节日这天，人们载歌载舞，喝酒吃饭庆祝丰收，一些未婚的青年男女也在聚会中通过对歌寻找意中人。

参加盘王节，能感受到浓郁的瑶家风情和他们悠久的文化历史。